Maurice Merleau-Ponty zur Einführung

Christian Bermes

Maurice Merleau-Ponty zur Einführung

JUNIUS

Junius Verlag GmbH
Stresemannstraße 375
22761 Hamburg

Umschlaggestaltung: Florian Zietz
Titelfoto: S. Merleau-Ponty
Satz: Junius Verlag GmbH
Printed in the EU 2020
ISBN 978-3-88506-399-5
4., unveränderte Aufl. 2020

Bibliografische Information Der Deutschen Bibliothek
Die Deutsche Bibliothek verzeichnet diese Publikation in der Deutschen Nationalbibliografie; detaillierte bibliografische Daten sind im Internet über http://dnb.dnb.de abrufbar.

Inhalt

Vorwort: Denken zwischen den Extremen

»Das Tun des Künstlers oder Philosophen ist frei,
doch nicht ohne Motiv.« (PdW, 206)

Maurice Merleau-Ponty (1908-1961) skizziert eine Philosophie, die zwischen den Extremen des Denkens ihren Platz sucht. Sein Philosophieren verfolgt nicht das Ziel, ein System der Philosophie zu etablieren. Und dennoch geht er systematisch vor. Methodisch hat er sich der Phänomenologie verschrieben, eine explizite Phänomenologie als Methode hat er jedoch nicht verfaßt. Er attackiert heftig bloß empiristisch-objektive und bloß idealistisch-intellektuelle Philosophien – »Die Philosophie des reinen Objekts und des reinen Subjekts sind gleichermaßen terroristisch.« (AdD, 118) Doch an keiner Stelle negiert Merleau-Ponty voreilig das Subjekt oder das Bewußtsein; und er gehört ebenso nicht zu denjenigen, die die Empirie zu umgehen suchen. Die Schriften der Existenzphilosophen sind ihm nicht nur bekannt, sie finden auch Eingang in seine Werke. Als Ausgangspunkt seines Denkens eine isolierte oder absolute Existenz zu wählen liegt ihm dabei aber ebenso fern, wie einen exaltierten Begriff des Lebens einzuführen, obwohl doch gerade das Leben ein Kernthema seiner Überlegungen darstellt.

Merleau-Ponty bearbeitet Probleme des menschlichen Selbst- und Weltverständnisses, doch er postuliert die Probleme nicht; seine erste Aufgabe sieht er vielmehr darin, die verdeckten

Schwierigkeiten allererst sichtbar zu machen. Auch genügen ihm nicht historische Fakten oder Daten, die Philosophie weiterzutreiben, wiewohl er sich gern auf seine Vorgänger bezieht und die Geschichtlichkeit des Denkens betont. Er sieht sich zwar als einen Philosophen, der immer wieder neu anzufangen sucht; sich aus den Verbindlichkeiten der Geschichte herauszukatapultieren, einen archimedischen Punkt jenseits aller Zeit- und Weltbezüge einzunehmen widerstrebt ihm jedoch. Merleau-Ponty kritisiert Philosophen und Wissenschaftler, wobei er sich bis ins Detail mit deren Ansichten auseinandersetzt. Er zweifelt an den meisten theoretischen und wissenschaftlichen Absichten, den Menschen und sein Verhalten in der Welt zu erklären, doch er verzweifelt nicht daran. Skeptisch steht er den Paradigmen der Philosophie und Psychologie gegenüber, ein leerlaufender Skeptizismus ist ihm allerdings fremd.

Merleau-Ponty reißt Häuser und Wohnblöcke überkommenen und leerlaufenden Denkens ein, nicht um einen Trümmerhaufen zu hinterlassen, sondern um allererst ein sicheres Fundament zu finden und darauf wieder aufzubauen.

Diese Reichhaltigkeit der Denkbewegungen des mit Sartre wohl berühmtesten französischen Philosophen in der ersten Hälfte des 20. Jahrhunderts erleichtert nicht den Zugang zu seinem Philosophieren. Die Gliederung und der Aufbau seiner Schriften folgen den Sachproblemen, und diese sind nun einmal verwickelt. Die Lektüre verlangt ein fortwährendes Zurückschauen, wie sie ebenso ein Vorausdenken einfordert. Die Vielfalt der Ansätze verbietet es auch, Merleau-Ponty ein System der Philosophie zu unterstellen, wo keines vorhanden ist. Geradezu töricht wäre es, ihm ein Etikett anzuhängen und ihn zu klassifizieren. Kennzeichnungen, die dem gängigen Muster »Philosophie der ...« folgen, sind nicht falsch, können aber nur Teile des Werkes erfassen. Bestimmungen wie z.B. »Philosophie der Ambiguität«, »Philosophie der Struktur« oder auch »Philosophie des Leibes« erfassen Ausschnitte des Gedachten, sie umgreifen hingegen nicht das Denken Merleau-Pontys, das immer bemüht ist, Teile als Momente eines Ganzen und nicht als abgetrennte Stücke zu fassen: »Es gibt keine übergeordneten Probleme und keine untergeordneten Probleme: alle Probleme sind konzentrische.« (PdW, 466; vgl. SuU, 243)

Merleau-Ponty bleibt eine Herausforderung für die gegenwärtige Wissenschaft und Philosophie, da sein strenges Philosophieren an die Grenzen der Wissenschaftlichkeit führt und diese Zug um Zug ins Wanken bringt. Und nicht zuletzt deshalb darf er als einer der wenigen Denker des 20. Jahrhunderts gelten, der nicht nur seine Fachkollegen zu faszinieren versteht. Denn ähnlich wie Husserl, der stets um seine Methode der Phänomenologie gerungen hat und immer wieder einen neuen Anfang für das Philosophieren suchte, geht es Merleau-Ponty nicht so sehr darum, eine selbstgenügsame Theorie zu etablieren, im Vordergrund steht vielmehr die stete Selbstvergewisserung der Methode in der Auseinandersetzung mit den »Sachen selbst« – doch auch diese zeigen sich nicht unvermittelt, auch hier ist erst eine Perspektive zu gewinnen, eine Sprache zu finden, die den Phänomenen gerecht werden kann.

Eine Einführung in die Philosophie Merleau-Pontys muß aus diesen Gründen in erster Linie darin bestehen, eine Hinführung zu der zentralen Fragestellung seines Denkens zu bieten. Denn Merleau-Ponty teilt mit Wittgenstein, Husserl und Heidegger das Pathos des sich seine Grundlagen, Methoden und Gegenstandsgebiete allererst erarbeitenden Philosophen. Und ähnlich wie diese Protagonisten der Philosophie des 20. Jahrhunderts sieht er in der *Frage nach dem Sinn* die Möglichkeit verborgen, den Extremen des Denkens auszuweichen, die Philosophie auf ein sicheres Fundament zu stellen, aus einem »Zwischenreich«

heraus den Extremen zu begegnen. Wenngleich diese Frage nach dem Sinn Merleau-Ponty durchaus mit Heidegger oder auch Wittgenstein vergleichbar macht, so unterscheiden sich seine Art zu antworten und die Antworten selbst augenfällig. Indem Merleau-Ponty immer wieder Fragen stellt, läuft er nicht Gefahr, vorzeitig philosophischen oder wissenschaftlichen Dogmen anheimzufallen. Da die Fragen gleichzeitig jedoch nicht ziellos sind, sondern sich auf das Problem des Sinns richten, ist er in der Lage, seinem Philosophieren eine Grundlage zu bieten. Auch vergißt er niemals, den Fragenden in seine Untersuchungen einzuschließen, wie er auch nicht den Sinn ohne die Sinngenese behandelt. Die Frage nach dem Sinn beinhaltet so zum einen die Aufdeckung jenes Bereichs, in dem überhaupt von Sinn gesprochen werden kann – das Zwischenreich des Sinns. Sie umfaßt des weiteren die Problematik des Sinnträgers resp. Sinnstifters; d.h. die Frage danach, inwieweit die Vorstellung eines bloßen Bewußtseins oder auch eines puren Objektes, die vermeintlich Sinn stiften, zu modifizieren oder aufzugeben ist. Und schließlich erstreckt sich die Sinnfrage auch auf das Medium des Sinns. Ist der sprachliche Ausdruck das einzige Medium, in dem sich Sinn zeigt, oder sind nicht vielleicht der Leib, die Geschichte oder auch das Kunstwerk die Medien, in denen sich Sinn zuvörderst artikuliert? Merleau-Ponty kommt auf diese und ähnliche Fragen stets zurück und spielt sie in verschiedenen Untersuchungen durch. Während die Sinnfrage, das grundlegende philosophische Problem, immer wieder aus unterschiedlichen Perspektiven gestellt wird, ändern sich die Antworten Merleau-Pontys von seinem ersten Werk *Die Struktur des Verhaltens* bis zu seinen letzten Überlegungen in *Das Sichtbare und das Unsichtbare* kontinuierlich.

Aus diesen Gründen wählt die vorliegende Einführung in das Philosophieren Merleau-Pontys große, immer wiederkehrende

Themengebiete seines Denkens aus und versucht, sie anhand des spezifischen Zugriffs zu erläutern. Unmöglich ist es, alle systematischen Querverbindungen und historischen Bezüge zu benennen. Ausgriffe auf die Sozialwissenschaften und Übergriffe auf die Psychologie und die Psychoanalyse können, obwohl reichhaltig im Werk Merleau-Pontys vorhanden, nur angedeutet werden. Es bleibt jedoch zu hoffen, daß der Leser diese Bezüge und Verweise nach der Lektüre der Einführung zu erkennen vermag.

Zum leichteren Einstieg in das Denken Merleau-Pontys – und auf die Bitte des Verlags hin – wurden der vorliegenden Einführung zumeist die ins Deutsche übersetzten Schriften des Autors zugrunde gelegt. Sie umfassen im wesentlichen die Hauptwerke Merleau-Pontys und übertragen den französischen Text cum grano salis kundig und sorgfältig.

Die zweite Auflage der Einführung in die Philosophie Merleau-Pontys stellt eine erweiterte und aktualisierte Fassung der Ausgabe aus dem Jahre 1998 dar. Zwischenzeitlich sind nicht nur weitere Werke Merleau-Pontys in deutscher Sprache erschienen, auch wurden vorliegende Ausgaben (z.B. AuG) neu überarbeitet und in kommentierter Form publiziert. Aus diesem Grund schien es geboten, die Verweise und Literaturangaben der neuen Quellenlage anzupassen. Bereits dieser Umstand zeigt, daß in den vergangenen Jahren die Auseinandersetzung mit dem Werk Merleau-Pontys weiter zugenommen hat. Die Neuauflage kann freilich nicht auf alle diese Entwicklungen eingehen, gleichwohl werden Hinweise darauf gegeben. Im ganzen wurde der Gedankengang der Erstauflage beibehalten, dies nicht zuletzt vor dem Hintergrund der positiven Resonanz, die das Buch erfahren hat.

1. Merleau-Ponty: Motive, Fragen und Methoden seines Denkens

Merleau-Ponty im Kontext seiner Zeit: Die Etablierung der Phänomenologie

Merleau-Ponty eröffnet seine erste Monographie, die *Struktur des Verhaltens*, mit dem Satz: »Unser Ziel ist es, ein Verständnis zu gewinnen von den Beziehungen zwischen dem Bewußtsein und der Natur – der organischen, der psychologischen oder selbst der sozialen Natur.« (SdV, 1) Fast unauffällig stellt sich Merleau-Ponty mit diesem Vorhaben in das Zentrum der philosophischen Diskussion. 1942, als das genannte Buch veröffentlicht wurde, galt immer noch dasjenige, was Max Scheler bereits 1928 in der *Stellung des Menschen im Kosmos* konstatiert hatte, nämlich »daß zu keiner Zeit der Geschichte der Mensch sich so *problematisch* geworden ist wie in der Gegenwart« und daß zu keiner Zeit die Stellung des Menschen in der Welt so schwierig zu bestimmen war. »So besitzen wir denn eine naturwissenschaftliche, eine philosophische und eine theologische Anthropologie, die sich nicht umeinander kümmern – *eine einheitliche Idee vom Menschen aber besitzen wir nicht.*«[1]

Die philosophische Reflexion auf den Menschen, die in der vergleichsweise neuen Disziplin der philosophischen Anthropologie ihren institutionellen Niederschlag findet und nicht nur von Max Scheler, sondern auch von Helmuth Plessner und Arnold Gehlen, aber ebenso von Ernst Cassirer im 20. Jahrhundert neu bestimmt wird, muß als eine explizite Antwort auf eine implizite Frage verstanden werden. Die Anthropologie stellt bereits einen Lösungsweg bereit, um diese Frage adäquat anzugehen. In der philosophischen Auslegung des Menschen, in dessen Verhaltungen, Leistungen und Vermögen läßt sich zum einen ein Maßstab gewinnen, der dem philosophischen Vorgehen als Meßlatte dienen kann, und zum zweiten wird ein Bereich benannt, der weder pures Objekt noch reines Subjekt sein kann und sich den empirischen Wissenschaften zu entziehen scheint. Zwar handeln die Psychologie und die Biologie vom Menschen, doch thematisieren diese empirischen Wissenschaften nur Ausschnitte des menschlichen Daseins, wie etwa die psychologischen oder physiologischen Funktionen. Sie objektivieren Teilbereiche des zum Gegenstand unter anderen Gegenständen erklärten Menschen und unterwerfen diese einem theoretischen Erklärungsmodell. Entweder gerinnt so das Subjektive in den empirischen Vorgehensweisen zum bloßen Objekt der Untersuchung, oder aber es verbirgt sich in rein idealistischen Philosophien – dem Pendant zu den empirischen Wissenschaften – in den undurchdringlichen Windungen eines nie zu erkennenden Bewußtseins.

Die Philosophie des beginnenden 20. Jahrhunderts ringt so mit den beiden folgenden Problemen: 1. Welches ist das Gegenstandsgebiet der Philosophie? 2. Welcher sicheren Methode kann sich die Philosophie bedienen, an welchem Maßstab kann sie ihr Vorgehen und ihre Ergebnisse messen?

Die Frage nach dem Maß und die Frage nach dem Gegenstand der Philosophie zeigen eine Differenzierung an, die zum einen noch ihre Rechtfertigung sucht und zum anderen auf weitere Differenzierungsmöglichkeiten hinweist. Zwar scheint die Unterscheidung zwischen einem Maß und einem Gegenstand, den es zu vermessen gilt, insbesondere für wissenschaftliches

Vorgehen intuitiv einleuchtend; doch es stellt sich die Frage, was eigentlich vermessen werden soll und ob nicht schon in der Bestimmung des Gegenstands selbst bereits ein Maßsystem angewandt wird. Versucht man beispielsweise, eine Landschaft geographisch zu vermessen und zu beschreiben, so bleibt die Geographie »gegenüber der Landschaft, in der wir allererst lernen, was dergleichen wie Wald, Wiese und Fluß überhaupt ist«, »sekundär« (PdW, 5). Bevor die Geographie als sekundäre Weltgliederung ihre Aufgabe der Vermessung ausführen kann, muß schon viel geleistet sein – und es ist schon viel geleistet. Jedoch wird die primäre Orientierungsleistung in der Lebenswelt von dem Wissenschaftler, aber zumeist auch von dem Philosophen, übersehen. Die Differenzierung zwischen Maß und zu Vermessendem gerät im Rückgang auf eine primäre lebensweltliche Orientierung ins Wanken, da bereits in der Bestimmung des Gegenstands Maßsysteme wirksam sind und überdies in der vortheoretischen, lebensweltlichen Praxis gar nicht erst sinnvoll von einer derartigen Trennung gesprochen werden kann.

Die genannte Unterscheidung aber zeigt weitere Dualismen an, die Variationen resp. Modulationen desselben Themas darstellen – z.B. die Unterscheidungen zwischen Innen und Außen, zwischen Vordergrund und Hintergrund, zwischen Zeichen und Bedeutung, zwischen Freiheit und Notwendigkeit, zwischen Ich und Du, zwischen Immanenz und Transzendenz, zwischen An-sich und Für-sich oder zwischen Leib und Seele. Gemeinsam ist diesen Dualismen, daß sie in der philosophischen Auslegung nie in ihrer Absolutheit behandelt werden können und daß sie zumeist nur in theoretischen Systemen auftreten. Weder ist das Zeichen ohne eine Bedeutung zu denken, noch läßt sich ein Vordergrund ohne Hintergrund wahrnehmen. Allein die reflexiv-analytische Einstellung kennt die strikte Unterscheidung zwischen einem bloß physischen Zeichen und einer rein geistigen

Bedeutung, die jenem auf eine mysteriöse Art zukommt. Das Sprechen aber verschweigt ebenso den Unterschied zwischen Zeichen und Bedeutung, wie das Wahrnehmen die Differenz zwischen Hintergrund und Vordergrund schlicht überblickt.

Der prominenteste Dualismus ist sicherlich die Unterscheidung zwischen Leib und Seele, die sich in der Philosophie des beginnenden 20. Jahrhunderts auch als Problem der Beziehung des Bewußtseins zu seinem Ausdruck darstellt. So ist ein »Kennzeichen der Untersuchungen der ersten Jahrhunderthälfte [...] die Annahme einer merkwürdigen Beziehung zwischen dem Bewußtsein und seinem sprachlichen Ausdruck, wie zwischen dem Bewußtsein und seinem Körper« (AuG, 83).

Mit Gilbert Ryle, Ludwig Wittgenstein und Martin Heidegger teilt Merleau-Ponty die Intention, diese Dualismen aufzulösen. Weder beabsichtigen die genannten Autoren, eine Seite der jeweiligen Gegensätze gegenüber der anderen als die wahre oder die richtige aufzuweisen, noch schicken sie sich an, die beiden Pole auf die eine oder andere neue Weise zu verbinden. Es handelt sich vielmehr darum, eine originäre Sicht des Problems zu gewinnen, in der sich Polarisierungen solcher Art erst gar nicht ergeben können. Die genannten Differenzierungen sollen als Resultate eines einseitigen, falschen oder abstrakt-leerlaufenden Denkens nachgewiesen werden. Wittgenstein spricht hier z.B. von »rohen Interpretationen«[2], die ein »Außen« gegen ein »Innen« stellen, und Ryle bezeichnet in seinem 1949 erschienenen Buch *The Concept of Mind*, das Merleau-Ponty kannte (CoM, 94), die cartesische Scheidung zwischen »res cogitans« und »res extensa« als einen »Mythos«, der sich als Dogma verfestigt hat und auf einer Kategorienverwechslung philosophischer Begriffe beruht.[3]

Wie Ryle versucht, sich an der Umgangssprache zu orientieren, um den philosophischen Schwierigkeiten ein sicheres Fundament zu bieten, wie Wittgenstein sich auf eine detaillierte Analyse von Sprachspielen einläßt, um einen Bereich jenseits der Gegensätze zu finden, und wie Martin Heidegger in seinen fundamentalontologischen Untersuchungen eine Hermeneutik des Daseins initiiert, die die Dualismen aufhebt, so versucht auch Merleau-Ponty ein Milieu ausfindig zu machen, von dem aus er die Welt neu zu sehen vermag. (PdW, 18) Merleau-Ponty reiht sich so in die Schar derjenigen Philosophen des 20. Jahrhunderts ein, die weder den Wissenschaften blind folgt noch die philosophische Tradition unkritisch übernimmt. *Jenseits* der Empirie und *diesseits* der geläufigen Bewußtseinsphilosophien sucht Merleau-Ponty einen Ausgangspunkt für sein Denken. »Es gibt nicht nur reines Bewußtsein auf der einen, Sachen auf der anderen Seite. Uns interessiert vor allem das Zwischenreich zwischen dem Bewußtsein und den Sachen.« (Vorl., 301) Insbesondere die Spätphilosophie Edmund Husserls, die in der Lebenswelt das Scharnier zwischen Diesseits und Jenseits zu entdecken glaubt, wird Merleau-Ponty bis an sein Lebensende für dieses Unterfangen mehr als bloße Anregung sein.

Doch Merleau-Ponty nimmt nicht einfach einen Standpunkt ein. Nicht die Sprache, das Leben, die Existenz oder das Dasein werden von ihm gesetzt, um von dort aus die Probleme zu lösen. Denn obgleich die Situation der Philosophie im zweiten Drittel dieses Jahrhunderts sich hinsichtlich des zu bearbeitenden Problems zu großen Teilen als einheitlich darstellt, mit Blick auf die Lösungswege präsentiert sich die Philosophie differenzierter denn je.

Mit dem Ende des 19. Jahrhunderts kam die Philosophie zunehmend in die Situation, ihre Position im Kanon der Einzelwissenschaften überdenken zu müssen. Die Etablierung neuerer Wissenschaften wie etwa der Geschichtswissenschaft, der Psychologie oder auch der Soziologie, aber auch die enormen Fortschritte der

Naturwissenschaften führten zusehends zu Zweifeln an der universalen und absoluten Richtlinienkompetenz der Philosophie. Es schien, daß die Erklärung der Wirklichkeit detaillierter und auch besser von den Einzelwissenschaften direkt zu leisten sei.

Die Psychologie spielte in diesem Zusammenhang eine besondere Rolle, da sie sich nicht nur den Rang einer positiven Wissenschaft erkämpfte, die unabhängig von der Philosophie ihren Bestand zu sichern lernte; sie versuchte überdies, das Denken, den Geist oder das Bewußtsein wissenschaftlich und empirisch zu erklären. Es bürgerte sich die Vorstellung ein, die Psychologie als positive Einzelwissenschaft könne die Philosophie vollständig ersetzen. Die empirische Psychologie war im Begriff, die Philosophie gleichsam abzulösen und auf sichere, weil »wissenschaftliche« Fundamente zu stellen. Wollte die Philosophie nicht bloße Wissenschaftstheorie werden, so mußte sie auf diese Tendenz reagieren. Die Ergebnisse zeigen sich in einer Aufsplitterung philosophischer Standpunkte. Lebensphilosophie, Sprachphilosophie und Historismus mögen stellvertretend für philosophische Ansätze stehen, sich ein neues Untersuchungsterrain zu sichern und in diesem Gebiet mit je unterschiedlichen Maßstäben zu arbeiten. Die zumeist unabhängig voneinander entstehenden Bemühungen, zu denen auch die zahlreichen Renaissancen alter Philosophen zu zählen sind (Neukantianismus, Neuhegelianismus, Neuthomismus etc.), lassen die Philosophiehistoriker zu Recht von der Jahrhundertwende als einer Krisenzeit sprechen, die »vielleicht [...] noch viel tiefer greift«[4] als der Übergang vom Mittelalter zur Renaissance.

Merleau-Ponty versucht, diesen Tendenzen der Philosophie des beginnenden 20. Jahrhunderts entgegenzuwirken. Der Aufsplitterung in nebeneinander existierende Schulen und Fachrichtungen begegnet er mit der beeindruckenden Verarbeitung unterschiedlichster Denkansätze in seiner Philosophie. Philosophen wie Marx, Hegel, Sartre, Machiavelli, Descartes, Kant, Maine de Biran, Cassirer, Bergson sind ebenso seine Diskussionspartner, wie Proust, Gide, Stendhal oder auch Valéry ihm in der Literatur oder Cézanne und Klee in der Malerei neue Denkansätze vermitteln. Der Linguist Ferdinand de Saussure wie auch der Begründer der Psychoanalyse, Sigmund Freud, gelten ihm immer wieder als Manifestationsformen philosophischen Denkens in nichtphilosophischen Wissenschaften. Besonders aber die Auseinandersetzung mit der Psychologie, und hier vor allem die Kritik an einer atomistisch-analytischen Psychologie sowie die positive Auf- und Übernahme der Gestaltpsychologie, läßt den Philosophen zeit seines Lebens nicht den Bezug der Philosophie zu anderen Deutungsmustern menschlichen Lebens und Verhaltens vergessen. Eine Philosophie, die bloßes »Gewölk«, unabhängig von Mensch und Welt bleibt und sich »im Ruhestand oder im Rückzug« (AuG, 205; vgl. HuT, 210) befindet, ist ihm ebenso fremd, wie 1929 die zeitgenössische Philosophie Edmund Husserl, Merleau-Pontys philosophischem Vordenker, verhaßt war. In den *Cartesianischen Meditationen*, einem Buch, dessen Grundgedanken Husserl 1929 in Vorträgen dem Pariser Publikum und dem anwesenden Merleau-Ponty vorstellt, umschreibt der deutsche Phänomenologe die Situation der Philosophie jener Tage mit eindringlichen, fast beschwörenden Worten: »Statt einer einheitlich-lebendigen Philosophie haben wir eine ins Uferlose wachsende, aber fast zusammenhangslose philosophische Literatur; statt einer ernsten Auseinandersetzung widerstreitender Theorien [...] haben wir ein Schein-Referieren und Schein-Kritisieren [...].«[5] Bei Merleau-Ponty heißt es noch 1953 ähnlich, daß das Philosophieren sich nicht in dem Rückgang »auf die ein oder andere Tradition« erschöpfen dürfe, daß die philosophischen Ideen nicht zu »bloßen Rechtfertigungen und Vorwänden« herangezogen werden können, daß es sich bei ihnen nicht um »Reliquien und Prestigeangelegenheiten« handle, da sich die Philosophie allererst in einem lebendigen Philosophieren entwickeln könne. (AuG, 205 f.) Merleau-Ponty teilt mit Husserl das Pathos des ernsthaften, radikalen, neu beginnenden und in der Verantwortung stehenden Philosophen. Er integriert verschiedene philosophische Schulen in sein Denken und vergißt in keinem Augenblick, daß die Philosophie nie ihren Geburtsort, den in der Welt agierenden und sich engagierenden Menschen, verspekulieren darf.

Jean-Toussaint Desanti berichtet von dem erst 27jährigen Merleau-Ponty, wie er sich 1935 als »agrégé répétiteur« an der École Normale Supérieure »über den Zustand der Philosophie in Frankreich« »ärgerte«[6]. Im Blick hat der junge Philosophielehrer die starke kritizistisch-idealistische Ausrichtung der französischen Philosophie, von der Jean Wahl schreibt, daß sie »in ihren hauptsächlichen Repräsentanten eine Philosophie des Denkens und des Bewußtseins«[7] sei.

Neben der Philosophie von Léon Brunschvicg und derjenigen von Alain, die die französische kritizistische Tradition von Lachelier, Lagneau, Renouvier und Boutroux fortführen und einen großen Einfluß in den französischen Universitäten ausüben, ist auch die Philosophie Bergsons zu nennen, die besonders abseits der akademischen Philosophie schnell ihre Anhänger und Verfechter fand. Während Merleau-Ponty sich immer gegen einen nicht zu Ende gedachten Kritizismus wendet, ändert sich die frühe Skepsis gegenüber der Bergsonschen Philosophie spätestens in seinem letzten Lebensjahrzehnt. Von etwa 1952 an versucht Merleau-Ponty eine Neuinterpretation Bergsons und eine Integration Bergsonschen Gedankenguts in seine eigene Philosophie.

Im weiteren Verlauf des 20. Jahrhunderts tritt neben die spiritualistische Philosophie von Lavelle und Le Senne und den Personalismus von Mounier und Lacroix, zu dem sich Merleau-Ponty in seiner Jugend hingezogen fühlte, der wirkmächtige, die Gazetten und Gemüter beherrschende Existentialismus mit Sartre, Camus und Marcel. Weiterhin ist die Wirkung Kojèves nicht zu unterschätzen, der von 1933 bis 1939 seine berühmten Hegel-Vorlesungen an der École pratique des hautes études abhielt, die auch Merleau-Ponty hörte und die seine Hegel-Lektüre lebenslang prägten. Zuletzt sei noch auf die französische Marx-Rezeption hingewiesen, die von Lefebvre durch Übersetzungen und Herausgebertätigkeit initiiert und von dem Philosophen Tran Duc Thao fortgeführt wurde.

Verständlich ist, daß die Phänomenologie Edmund Husserls im Frankreich dieser Tage auf große Resonanz stieß. Sie stellt nicht nur ein adäquates philosophisches System dar, um den einzelwissenschaftlichen Ansätzen entgegenzuwirken, sondern konnte auch gegen die starke kantische Tradition ins Feld geführt werden. Überdies ließ sie sich bestens mit existentialistischen Überlegungen verbinden, wie dies Sartre zur Genüge zeigt; sie konnte aber auch mit der Hegel- und Marx-Renaissance in Einklang gebracht werden. Deutlich wird dies z.B. in der anthropologisch-marxistischen Auslegung der *Phänomenologie des Geistes* von Hegel durch Kojève, in der dieser ausführt, daß die Hegelsche Methode »keineswegs ›dialektisch‹, sondern rein kontemplativ und deskriptiv, oder *phänomenologisch* im Husserlschen Sinne«[8] sei. Merleau-Ponty stellt häufig eine Verbindung zwischen der Phänomenologie Edmund Husserls und der Hegelschen Philosophie her. So läßt sich die Hegel-Interpretation Kojèves in einer Vorlesung Merleau-Pontys unmittelbar erkennen: »Die Phänomenologie im Husserlschen Sinne begegnet [...] beinahe der Phänomenologie im Sinne Hegels. Diese letztere wollte den erfahrenden Menschen nachzeichnen, ohne sich ihm unterstellen zu müssen.« (Vorl., 185; vgl. 141) Freilich ist es schlicht falsch, wenn Merleau-Ponty direkt im Anschluß suggeriert, daß Husserl den Ausdruck »Phänomenologie« von Hegel übernommen habe. Der Bezug Merleau-Pontys auf Hegel ist bei aller Kritik an dessen metaphysischer Geschichtsdoktrin jedoch nicht zu übersehen. Und mit vielleicht allzuviel Pathos heißt es in einem Vortrag aus dem Jahre 1946, daß in Hegel »all das seinen Anfang« habe, »was sich seit einem Jahrhundert an Großem in der Philosophie ereignet hat, beispielsweise der Marxismus, Nietzsche, die Phänomenologie und der deutsche Existentialismus« (SNS, 83). Denn mit Hegel beginne »das Unternehmen einer Erkundung des Irrationalen und seine Integration in eine erweiterte Vernunft«. (ebd.)

Doch es wird gerade in diesen Bemerkungen, die auf den gemeinsamen Kern von Hegels Dialektik, Husserlscher Phänomenologie und französischem bzw. deutschem Existentialismus aufmerksam machen möchten, deutlich, auf welche Rezipienten die Phänomenologie Husserls in Frankreich stieß. Merleau-Ponty betreibt nie eine positivistische Husserl-Exegese und propagiert nie die Phänomenologie als Doktrin, er nimmt sie vielmehr als Methodik auf, variiert sie und wendet sie auf seine Fragestellungen an. Er konfrontiert sie mit marxistischen, existentialistischen und auch zeichentheoretischen Überlegungen und führt sie so fort. Die Phänomenologie wird in Frankreich nie als einfacher »Standpunkt« eines Denkers oder als einheitliche »Richtung« einer Schule angesehen, sie wird so aufgefaßt, wie sie von Martin Heidegger 1927 in *Sein und Zeit* beschrieben wird: »Der Ausdruck ›Phänomenologie‹ bedeutet primär einen *Methodenbegriff*. Er charakterisiert nicht das sachhaltige Was der Gegenstände der philosophischen Forschung, sondern das Wie dieser.«[9]

Zwar festigen und sichern Merleau-Pontys Schriften *Die Struktur des Verhaltens* und *Phänomenologie der Wahrnehmung* im Verbund mit dem monumentalen Werk Sartres *Das Sein und das*

Nichts in den Jahren von 1942 bis 1945 die französische Phänomenologie, doch sind die beiden Freunde nicht die einzigen Philosophen, die die Phänomenologie in Frankreich populär machen. So setzten Jean Hering und Alexandre Koyré, Schüler Husserls, die ersten Marksteine phänomenologischen Denkens in Straßburg und Paris. Es folgten Übersetzungen von Scheler (1928: *Wesen und Formen der Sympathie*) und Heidegger (1931: *Vom Wesen des Grundes* und *Was ist Metaphysik?*) und die schon genannten Vorlesungen Husserls 1929 an der Sorbonne. Aron Gurwitsch, dessen umfangreichen Aufsatz *Quelques aspects et quelques développements de la psychologie de la forme* Merleau-Ponty Korrektur las[10], verband die Gestaltpsychologie mit der Phänomenologie[11], wie die Psychologen Wallon und Politze phänomenologisches und psychologisches Gedankengut in Beziehung zu setzen versuchten.

Die Zeitschrift *Recherches philosophiques* (1931-1936) forcierte ebenso die französische Phänomenologie, wie Jean Wahls 1932 erschienene Studie zu James, Whitehead und Marcel, *Vers le concret*[12], geradezu als die französische Variante des Husserlschen Ausrufs »Zu den Sachen selbst« aufgefaßt werden kann. Besonders sei noch auf das 1939 erschienene, Husserl gewidmete Heft der *Revue Internationale de Philosophie* hingewiesen, das für Merleau-Pontys Denken eine besondere Rolle spielt, da dort zum einen das von Merleau-Ponty immer wieder zitierte Husserlsche Manuskript *Die Frage nach dem Ursprung der Geometrie als intentional-historisches Problem*[13] publiziert ist und sich zum anderen bedeutende Aufsätze zur Phänomenologie von Eugen Fink, Ludwig Landgrebe, Paul Landsberg, Gaston Berger, Hendrik J. Pos und Jean Hering finden, die auf die eine oder andere Art auf Merleau-Ponty gewirkt haben.

Merleau-Ponty greift die Phänomenologie als eine philosophische Methode auf, die nicht Antworten liefert, sondern zu

Antworten führen kann. Er stellt sich den philosophischen Traditionen und den einzelwissenschaftlichen Ansprüchen, indem er die Phänomenologie nicht als bloße Vermittlerin zweier entgegengesetzter Positionen, sondern als Wegbereiterin eines neuen Denkens aufgreift, das sich jenseits des Empirismus und diesseits des Intellektualismus zu etablieren sucht.

Leben und Werk

Merleau-Ponty wird am 14. März 1908 in Rochefort-sur-Mer, der an der Charente gelegenen Hafenstadt, in Westfrankreich geboren. Nach dem frühen Tod seines Vaters verläßt der junge Merleau-Ponty mit seinen beiden Geschwistern und seiner Mutter, zu der er eine überaus innige Beziehung hat, Rochefort. Einen Teil seiner Ausbildung erhält er in Le Havre; 1924 beendet er seine Schullaufbahn in Paris mit dem »baccalauréat«.[14]

1960 erklärt Merleau-Ponty im Rückblick, daß ihm seine philosophische Neigung sehr früh bewußt wurde. Auf die Frage, ob er eher unvermittelt oder aus intellektuellen oder moralischen Gründen Eintritt in das philosophische Leben fand, antwortet er fast beiläufig und kurz, daß er bereits an dem Tag, als er in die Philosophieklasse eintrat, erkannte, daß die Philosophie dasjenige war, was er machen wollte, und daß es daran auch später nie einen Zweifel gab. (Parcours II, 288) Wenngleich man an derartigen Eigeninterpretationen der Lebensentwicklung durchweg zweifeln sollte, in Merleau-Pontys Fall verklärt die Selbsteinschätzung nicht den Lebensgang. Seine Biographie scheint von Anfang an auf die Philosophie zugeschnitten. Nie kommt der Eindruck auf, als hadere er mit seiner Profession oder verzweifle er an den Widrigkeiten einer akademischen Laufbahn.

Von 1926 bis 1930 besuchte er die École Normale Supérieure, die er 1930 mit der »agrégation de philosophie« abschließt. Neben Bréhier, der Merleau-Ponty mit Plotin bekannt machte, und Laporte, der ihn im letzten Jahr vor seinem Abschluß betreute, ist es vor allem Léon Brunschvicg, ein »Mann ersten Ranges« (Parcours II, 250), der den jungen Philosophen beeindruckte. Merleau-Ponty schätzte nicht nur Brunschvicgs Kenntnisse der philosophischen Tradition, sondern auch dessen »bewundernswertes« Wissen im allgemeinen, das weit über die Philosophie hinausreichte. An zweiter Stelle folgte in jenen Tagen die Philosophie Bergsons (Parcours II, 251-253), aber auch die Philosophie Maine de Birans. Über Malebranche, Bergson und Biran sollte Merleau-Ponty später eine seiner ersten philosophischen Lehrveranstaltungen in Lyon abhalten. In den Jahren an der École Normale Supérieure lernte er neben Jean Hyppolite und Simone de Beauvoir auch Jean-Paul Sartre kennen. (SNS, 55)[15]

Als Husserl am 23. und 25. Februar 1929 an der Sorbonne auf Einladung der Société française de Philosophie seine berühmten *Pariser Vorträge* hielt, die er später zu den *Cartesianischen Meditationen* ausarbeitete und die bezeichnenderweise 1931 zuerst in einer Übersetzung von Lévinas in französischer Sprache erschienen, saß auch Merleau-Ponty im Publikum. Es ist nicht auszuschließen, daß Merleau-Ponty außerdem zumindest einige Vorlesungen von Georges Gurvitch an der Sorbonne von 1928 bis 1930 zur deutschen Philosophie gehört hat. Das daraus entstandene und 1930 publizierte Buch *Les Tendances actuelles de la Philosophie allemande*[16] zu Husserl, Scheler, Lask und Heidegger kannte Merleau-Ponty.

Nachdem Merleau-Ponty seinen Militärdienst von 1930 bis 1931 abgeleistet hatte, unterrichtete er als Lehrer an Gymnasien – zuerst in Beauvais von 1931 bis 1933, von 1933 bis 1935 dann in Chartres. Während er von 1935 bis 1939 als Repetitor an der École Normale Supérieure arbeitete, zog es ihn auch kurzfristig, bis etwa 1937, in den Kreis von Mounier und die Zeitschrift *Esprit*. Doch in jenen Jahren wandelte sich mit dem Besuch der schon genannten Vorlesungen Kojèves und der damit einhergehenden Marx-Lektüre das Interesse Merleau-Pontys. Er löste sich mehr und mehr von seinen katholischen Ursprüngen.

Bereits am 8. April 1933 beantragt er bei der Caisse nationale des Sciences eine Unterstützung für seine Forschungsvorhaben. In seinem knappen Exposé führt er aus, daß es ihm beim gegenwärtigen Zustand der Neurologie, der experimentellen Psychologie und der Philosophie sinnvoll erscheine, wieder das Problem der Wahrnehmung aufzunehmen, um diese in ihrer Bedeutung zu bestimmen, aber auch um die verschiedenen Ansätze zu verbinden. (PrW, 7, 9) Es erstaunt, daß Merleau-Ponty in diesem Schreiben von 1933 noch kein Wort über die Phänomenologie oder gar über Husserl verliert. Doch 1934 ändert sich dies. Während Merleau-Ponty in diesem Jahr seine beiden Doktoratsthemen *La nature de la perception* und *Le problème de la perception dans la phénoménologie et dans la ›Gestaltpsychologie‹* anmeldet, stellt er einen Verlängerungsantrag für die 1933 gewährte Beihilfe. Das wesentlich umfangreichere Gesuch, das bereits wichtige Themen der Philosophie Merleau-Pontys in nuce enthält, differenziert zwischen vier Entwicklungssträngen in der Psychologie und der Philosophie: Dies sind 1. die neue Philosophie in Deutschland, die Phänomenologie, die das kritische Denken in der Psychologie und der Philosophie der Wahrnehmung in Frage stellt, 2. die Entwicklungen in der Physiologie des Nervensystems, 3. die Fortschritte in der Pathologie und der Kinderpsychologie und 4. das Aufkommen der Gestaltpsychologie in Deutschland. (PrW, 10) Insbesondere die Phänomenologie kann Merleau-Ponty zufolge dabei behilflich sein, die unbedachten und versteckten philosophischen Voraussetzungen aufzudecken, die in den psychologischen Begriffen verborgen liegen. Die Phänomenologie wird dabei als eine Methode aufgefaßt, die keine fertige Erkenntnistheorie präsentiert, sondern zu einer Erkenntnistheorie führen kann, die sich von einer kritizistischen unterscheidet. Und Merleau-Ponty kommt bereits in diesem Arbeitsplan auf die Husserlsche »Reduktion« zu sprechen, die es gestattet, zwischen Philosophie und Psychologie zu trennen. (PrW, 14) Merleau-Ponty wird sich bis in seine letzten Schriften mit der Möglichkeit resp. Unmöglichkeit und dem eigentlichen Sinn der Reduktion beschäftigen. Bereits 1934 führt er aus, daß es nicht seine Absicht sei, wie auch nicht diejenige Husserls, die Psychologie durch die Philosophie zu ersetzen. Vielmehr gehe es ihm darum, der Psychologie auf ihrem eigenen Terrain zu begegnen und die Methoden und Begriffe der Psychologie aufzuklären (PrW, 15), um die Spaltung des Bewußtseins, die sich in der Differenzierung zwischen Empfindung und Bewußtsein zeigt, auf eine gegenüber der klassischen Philosophie und modernen Psychologie neuartige Weise zu begreifen (PrW, 16) resp. zu umgehen. Obgleich die Gestaltpsychologie der Phänomenologie bei diesem Unterfangen zur Seite stehen kann, liegt es ihm jedoch fern, sich blind der Gestaltpsychologie anzuschließen; auch diese muß philosophisch aufgeklärt bzw. fundiert werden.

Bevor Merleau-Ponty 1938 sein erstes großes Werk, *Die Struktur des Verhaltens*, das jedoch erst 1942 publiziert wird, abschließt, tritt er mit kleineren Rezensionen vor die akademische Öffentlichkeit. 1935 erscheint eine Rezension der französischen Übersetzung von Schelers *Ressentiment im Aufbau der Moralen* als *Christianisme et ressentiment* in *La Vie intellectuelle*. Es folgen 1936 Besprechungen zu Marcels *Être et Avoir* in derselben Zeitschrift und zu Sartres *L'Imagination* im *Journal de Psychologie normale et pathologique*. Sowohl mit Blick auf Schelers Philosophie als auch hinsichtlich der Schrift Marcels betont Merleau-Ponty die Ausweitung philosophischer Beschreibungen über bloße Bewußtseinsanalysen hinaus, während er sich jedoch im gleichen Atemzug gegen einen leerlaufenden Intuitionsbegriff wendet, wie er ihn bei Marcel vorfindet.

Nachdem im Januar 1939 die schon erwähnte, Husserl gewidmete Sondernummer der *Revue Internationale de Philosophie* erschienen ist, entschließt sich Merleau-Ponty, seine Husserl-Lektüre zu vertiefen. Er setzt sich mit Herman L. van Breda, der den Nachlaß Husserls aus dem nationalsozialistischen Deutschland nach Belgien retten konnte und der in Löwen das bis heute bestehende Husserl-Archiv begründete, im März 1939 in Verbindung.[17] Bereits kurz danach trifft er zu einem Forschungsaufenthalt in Löwen ein. Er beschäftigt sich dort als erster auswärtiger Besucher nicht nur mit den nachgelassenen Schriften Husserls, er trifft auch Eugen Fink, einen der »besten Schüler« (Vorl., 140) Husserls, dessen Schriften Merleau-Pontys Phänomenologieverständnis prägen sollten. Obgleich Merleau-Ponty nicht mehr zu einem Forschungsaufenthalt nach Löwen kommen wird, so bleibt er doch mit dem Husserl-Archiv verbunden. Er bemüht sich mit Tran Duc Thao, eine Dependance des Archivs in Paris zu begründen. Doch diese Anstrengungen konnten erst 1957 Resultate zeitigen. In der Zwischenzeit ließ sich Merleau-Ponty immer wieder Fragmente und nichtpublizierte Schriften aus dem Nachlaß Husserls aus Löwen übermitteln.

Von August 1939 bis September 1940 nimmt Merleau-Ponty am Krieg teil. Zurück in Paris, unterrichtet er bis 1944 als Philosophielehrer am Lycée Carnot und beteiligt sich mit Sartre an der kurzlebigen Widerstandsgruppe *Sozialismus und Freiheit*. Sartre beschreibt dieses politisch-kämpferische Engagement mit nüchternen Worten:

»1941 bildeten sich überall in unserem Land Gruppen von Intellektuellen, die bestrebt waren, dem siegreichen Feind Widerstand zu leisten. Ich gehörte zu einer dieser Gruppen, ›Sozialismus und Freiheit‹. Merleau-Ponty schloß sich uns an. Diese Begegnung war keine Wirkung des Zufalls: wir stammten aus dem republikanischen Kleinbürgertum, und unsere Neigungen, unsere Tradition und unser Berufsethos trieben uns dazu, die Freiheit der Feder zu verteidigen: auf dem Umwege über diese entdeckten wir alle anderen. Abgesehen davon: lauter Naive. Unsere kleine Einheit, aus dem Enthusiasmus geboren, bekam das Fieber und starb ein Jahr später, weil sie nicht wußte, was tun.«[18]

1942 schließlich erscheint *Die Struktur des Verhaltens.* Im Verhalten selbst findet Merleau-Ponty gegenüber dem bloß Physiologischen und dem rein Psychischen einen neutralen Ansatzpunkt, der die Spaltung zwischen Ursache und Wirkung, zwischen Subjekt und Objekt und zwischen Reiz und Reaktion zu unterlaufen gestattet. Ein Behaviorist war Merleau-Ponty jedoch nicht. Im »Durchgang durch den Behaviorismus« (SdV, 3), in einer Untersuchung »von unten« (SdV, 2) entdeckt er vielmehr die strukturelle Verfaßtheit des in die Welt verwobenen, leiblich vermittelten Bewußtseins. Das erste Augenmerk richtet er auf die empirische Psychologie, die allzu schnell zwischen Reiz und Reaktion trennt. Der Autor macht im Gegenzug deutlich, daß der Organismus nicht schlicht auf isolierte Reize reagiert, daß vielmehr die Reizerregung selbst schon eine Reaktion des Organismus darstellt (SdV, 33), da der Organismus allererst für den Reiz empfänglich sein muß. Mit der Gestaltpsychologie argumentiert Merleau-Ponty des weiteren, daß die normale Wahrnehmung sich nicht isolierten Reizen gegenübergestellt sieht, sondern sich mit synkretischen Ganzheiten, Gestalten (SdV, 50), die nicht unabhängig vom Akt der Wahrnehmung verstanden werden können, auseinanderzusetzen hat. Die Verhaltensweisen sind demnach nicht mittels der Reiz-Reaktions-

Hypothese zu erklären, sondern danach zu beschreiben, »ob die Struktur bei ihnen in den Inhalt eingesenkt ist oder ob sie im Gegenteil daraus auftaucht« (SdV, 119). Doch Merleau-Ponty schreitet schon in diesem Buch über eine einfache Integration gestaltpsychologischer Ansätze in philosophisches Denken hinaus, da er den Gestaltbegriff nochmals einer philosophischen Untersuchung unterzieht. Völlig verfehlt wäre es, die Gestalt als Substanz aufzufassen. Als Funktionsbegriff bezeichnet die Gestalt weder eine physikalische Realität noch eine bewußtseinsimmanente Idee. Das strukturierende Erfassen von Gestalten ist vielmehr als eine eigenständige Wissensform anzusehen, die diesseits von Nativismus und jenseits von Empirismus (SdV, 195) anzusiedeln ist und das theoretisch erkennende Bewußtsein als leiblich gebundenes, zur-Welt-seiendes (SdV, 142) auszeichnet. Das Bewußtsein selbst wiederum versucht Merleau-Ponty gegen Ende der *Struktur des Verhaltens* als in der Welt engagiertes Bewußtsein (SdV, 200) zu spezifizieren, das sich in statu nascendi, im Ausdrucksverhalten, »auf einen originären Text, der nicht ohne Sinn sein kann« (SdV 245), bezieht.

Der *Struktur des Verhaltens* merkt man noch eine gewisse Unsicherheit an, die sich nicht nur in dem schwankenden Begriffsapparat niederschlägt, sondern auch in der noch nicht vollständig ausgebildeten philosophischen Haltung des Autors deutlich wird. Letzteres ändert sich mit der *Phänomenologie der Wahrnehmung*, dem Hauptwerk Merleau-Pontys, mit einem Schlag. Angeregt durch die zwischenzeitlich erfolgte Lektüre Husserlscher Spätschriften, beobachtet Merleau-Ponty »das Auftreten wahrnehmender Verhaltensweisen« nicht mehr als »fremder Zuschauer« (SdV, 185, 211), wie noch in der *Struktur des Verhaltens*, vielmehr richtet er sich 1945 geradezu in den Verhaltensweisen selbst ein, »um damit das einzigartige Verhältnis von Subjekt,

Leib und Geist gründlicher zu analysieren« (AuG, 101). Die am Ende der *Struktur des Verhaltens* noch offene Problematik einer neuen Transzendentalphilosophie, die das Wirkliche nicht dem Möglichen unterjocht, sondern das »Mögliche auf das Wirkliche gründet« (PdW, 14), nimmt Merleau-Ponty auf beeindruckende, wenngleich zuweilen auch schwerverständliche und labyrinthische Weise in der *Phänomenologie der Wahrnehmung* in Angriff. Der nunmehr 37jährige Franzose legt in seinem Opus magnum die Grundsteine seiner Philosophie und seines Philosophierens dar. Nach einer kritischen Einführung, die seine Husserls Philosophie modifizierende Phänomenologie vorstellt, knüpft er noch einmal an die Irrtümer der Psychologie an, um das »Feld der Phänomene« (PdW, 84) freizulegen, in welchem er sich dann auch virtuos bewegen wird. Die »Faktizität des *cogito*« (PdW, 14), das »Zur-Welt-sein« (*être-au-monde*) (PdW, 10) des Subjekts und die Ambiguität des Leibes als ausgezeichnete empfindend-empfindbare Instanz lassen ihn nicht nur Raum, Sprache, Welt und Intersubjektivität mit neuen Augen sehen, sondern auch das Bewußtsein, die Zeit und die Freiheit gegenüber Descartes, Kant und Sartre auf ein neues Fundament stellen.

Die *Phänomenologie der Wahrnehmung* läßt sich auf unterschiedliche Art und Weise lesen. Wissenschaftstheoretisch kritisiert das Werk den Empirismus, transzendentalphilosophisch denkt Merleau-Ponty den Ursprung des Kritizismus, phänomenologisch unterbreitet er eine »Phänomenologie der Phänomenologie« (PdW, 418), sprachphilosophisch handelt er von der sprechenden, nicht der gesprochenen Sprache, und anthropologisch erinnert die Schrift in manchem an Heideggers existenziale Analytik, ohne diese jedoch zu übernehmen. Daraus aber zu schließen, daß das Werk keine Einheit besitze, ist falsch. Das Grundthema, den Knotenpunkt der Überlegungen, bildet die Frage nach dem Sinn: In welchem Medium läßt sich Sinn fassen, wie entsteht Sinn, wer ist der Träger von Sinn, und was wird durch eine Auslegung des Sinns zum Ausdruck gebracht?

Mit seinen beiden Werken *Die Struktur des Verhaltens* und *Phänomenologie der Wahrnehmung* wird Merleau-Ponty 1945 promoviert. Anschließend unterrichtet er als Lehrbeauftragter an der Universität Lyon, wo er 1948 zum Professor ernannt wird.

In rascher Folge erscheinen in diesen drei Jahren mehr als zwanzig Artikel, die zu einem großen Teil in *Les Temps Modernes* publiziert und teilweise in dem Sammelband *Sens et Non-Sens* 1948 wieder veröffentlicht werden. In diesen kleineren Arbeiten setzt sich Merleau-Ponty mit dem Vorgehen Cézannes auseinander (*Der Zweifel Cézannes*), er kommt auf die Wahrnehmung von Kinofilmen zu sprechen (*Das Kino und die neue Philosophie*), er beschäftigt sich im Ausgang von Simone de Beauvoirs *L'Invitée* mit dem Verhältnis von Philosophie und Literatur, und schließlich diskutiert er in mehreren Anläufen die Beziehung zwischen Existentialismus, Phänomenologie, Marxismus und Hegelschem Denken (u.a. *Der Streit um den Existentialismus* oder *Marxismus und Philosophie*). Als politischer Redakteur der *Temps Modernes* arbeitet Merleau-Ponty eng mit Sartre, dem Herausgeber der Zeitschrift, zusammen. Überdies zeichnet er mit dem Kopf des französischen Existentialismus verantwortlich für die Buchreihe *Bibliothèque de Philosophie*, in der u.a. Husserls *Ideen zu einer reinen Phänomenologie und phänomenologischen Philosophie* in der Übersetzung von Ricœur erscheinen. Die Charaktere der beiden Freunde konnten unterschiedlicher kaum sein: hier der die Details nicht scheuende, sich in die Vielzahl möglicher Perspektiven vertiefende Merleau-Ponty, dort der »die Dezimalen« schnell wegstreichende Sartre.[19] Auch Simone de Beauvoirs – freilich nicht unparteiische – Erinnerung an Merleau-Ponty beschreibt eine ähnliche Differenz:

»Daß wir beide eine fromme bürgerliche Kindheit hinter uns hatten, war eine Brücke zwischen uns, aber unsere Reaktionen waren unterschiedlich. Er sehnte sich – im Gegensatz zu mir – noch immer nach dem verlorenen Paradies. Er suchte die Freundschaft alter Leute und war mißtrauisch gegen die Jugend, die ich bei weitem dem Alter vorzog. Er hatte in seinen Schriften eine Vorliebe für Nuancen und drückte sich zögernd aus – ich war für klare Entscheidungen. Er interessierte sich mehr für die Randbezirke des Denkens, für die dunklen Seiten des Daseins als für den festen Kern. Bei mir war das Gegenteil der Fall. Ich schätze seine Bücher und Essays, fand aber, daß er Sartres Ideen schlecht verstanden hatte. Ich brachte eine Schärfe in unsere Diskussion, die er lächelnd über sich ergehen ließ.«[20]

1947 findet Merleau-Pontys schriftstellerisches Engagement zugunsten einer positiv-abwartenden Haltung gegenüber dem sowjetischen Kommunismus seinen leidenschaftlichen Ausdruck in der »Kampfschrift«[21] *Humanismus und Terror*. Merleau-Ponty setzt sich in diesem Werk, das aus vier in *Les Temps Modernes* publizierten Artikeln (*Apprendre à lire* und *Le Yogi et le prolétaire I, II, III*) komponiert ist, mit dem Schriftsteller Arthur Koestler auseinander. Koestler publizierte 1940 seinen Roman *Sonnenfinsternis* (*Darkness at noon*), in dem er die stalinistischen Säuberungen und Prozesse 1936 bis 1938 an der Romanfigur Rubaschow in Anlehnung an die reale Person Bucharin schildert. Dem überaus populären, hitzige Debatten auslösenden[22] antikommunistischen Roman folgt kurze Zeit später Koestlers Essaysammlung *Der Yogi und der Kommissar*, in der der Schriftsteller seine politische, ethische und anthropologische Grundposition darlegt. Beide Bücher bekämpft Merleau-Ponty auf das heftigste.

Koestler vertritt die These, daß es eigentlich nur zwei mögliche Theorien der Moral gibt, die prinzipiell nicht zu vereinbaren sind und die einander ausschließen müssen: eine christlich-humanistische Ethik, die das Individuum für sakrosankt hält, und eine die Gemeinschaft und das Ziel in den Vordergrund stellende Zweckethik.[23] Indem Merleau-Ponty mittels einer genauen Untersuchung der publizierten Prozeßakten die Ambiguitäten des faktischen Lebens nachzeichnet, sucht er zu zeigen, daß der von Koestler postulierte Dualismus seine »wirkliche Tragik« erst dort entfaltet, »wo ein und derselbe Mensch begriffen hat, daß er einerseits die objektive Gewalt seiner Taten nicht desavouieren kann und daß er das ist, was er für die Anderen ist, im geschichtlichen Zusammenhang, und andererseits, daß das Motiv seiner Tat dennoch den Wert des Menschen ausmacht, so wie er ihn unmittelbar empfindet« (HuT, 106). Dies heißt nun für Merleau-Ponty wiederum nicht, daß alles relativ ist (HuT, 139), daß menschliche Handlungen bloß zweiseitig sind, es also kein Maß der Beurteilung gibt. Er geht weiter und stellt erstens die weltliche und intersubjektive Gebundenheit des Menschen in den Vordergrund, zweitens betont er die Unausweichlichkeit des Handelns, und drittens entdeckt er im Proletariat die Instanz, die aufgrund ihrer geschichtlichen Entwicklung und intersubjektiven Verfaßtheit als Maß für die Zukunft dienen kann. Insbesondere das Proletariat begründet das Recht des Marxismus: »Der Marxismus ist kein Immoralismus, er ist der Vorsatz, Tugenden und Moral nicht nur in den Herzen zu sehen, sondern im Zusammenleben der Menschen.« (HuT, 169)

Merleau-Ponty entwickelt in *Humanismus und Terror* keine geschlossene politische Theorie. Seine Konzepte und Ratschläge bleiben vorläufig, sein marxistischer Moralismus wirkt fahl angesichts des polemischen Tonfalls. 1955, in den *Abenteuern der Dialektik*, bewertet Merleau-Ponty sein frühes politisches Pamphlet sehr kritisch: »Die abwartende marxistische Haltung war eine mögliche Position nach dem Krieg, weil es dafür objektive Gründe gab: jene neutralen Zonen in der ganzen Welt, in der Tschechoslowakei, in Korea, wo die beiden Tendenzen friedlich miteinander lebten. Mit ihrem Verschwinden ist die abwartende marxistische Haltung zur bloßen verworrenen Träumerei geworden.« (AdD, 278)

Wenngleich Merleau-Pontys naiver Vorschlag in *Humanismus und Terror*, dem Kommunismus auch Umwege zu seinem eigentlichen Ziel zuzubilligen, nur kurze Zeit Bestand haben konnte, die einzelnen Analysen selbst – der Aufweis des weltlich, intersubjektiv agierenden Subjekts, die Herausstellung der Ambiguitäten des Verhaltens und die Integration Marxscher Gedanken in sein Projekt – untermauern und festigen dennoch seine philosophischen Bemühungen, die schon aus der *Phänomenologie der Wahrnehmung* bekannt sind.

1949 wird Merleau-Ponty Professor für Kinderpsychologie und Pädagogik an der Sorbonne. In seinen Vorlesungen bleibt die Philosophie nicht verborgen, doch in das Zentrum der Untersuchung tritt sie nicht. Einzig in einer der letzten Vorlesungen an der Sorbonne, *Die Humanwissenschaften und die Phänomenologie* (Vorl., 127-226), rückt Merleau-Ponty die Philosophie in den Mittelpunkt. In den vorhergehenden Vorlesungen handelt der philosophierende Psychologe u.a. von dem kindlichen Spracherwerb, der Sozialisation des Kindes oder auch dem kindlichen Bewußtsein. (KdV) Neben die detaillierte Auseinandersetzung mit psychoanalytischen Theorien tritt zusehends auch die Zeichentheorie Ferdinand de Saussures. Ein Kernthema der meisten Vorlesungen aber bleibt die Herausstellung des kindlichen Seins als einer positiven, eigenständigen Existenzform im Gegensatz zu einer Interpretation des Kindes als »Miniaturerwachsener« (KdV, 161).

1952 endlich wird Merleau-Ponty Professor für Philosophie am Collège de France. Seine am 15. Januar 1953 gehaltene Antrittsvorlesung *Éloge de la philosophie* (AuG, 177-224) wird noch im selben Jahr eigenständig veröffentlicht. In der sogenannten

Kandidaturschrift (AuG, 99-110), einem postum erschienenen Text, der wohl gegen Ende 1951/Anfang 1952 verfaßt wurde und dem Lehrkörper des Collège de France als Orientierungshilfe über das Werk von Merleau-Ponty dienen sollte, expliziert er seine bisherigen Ergebnisse und weiteren Projekte wie folgt: »Unsere ersten beiden Arbeiten versuchten, die Welt der Wahrnehmung zu restituieren. Die in Vorbereitung befindlichen Arbeiten sollen zeigen, wie die in die Wahrheit einweihende Wahrnehmung durch die Kommunikation mit den Anderen und durch das Denken wieder aufgenommen und eingeholt wird.« (AuG, 99) Es ist eine Theorie der Wahrheit, die Merleau-Ponty nun stärker in ihren Bann zieht und die er nach seiner eigenen Auskunft in zwei Büchern behandeln möchte – »einem zur Hälfte bereits« geschriebenen Buch, *Prosa der Welt*, und »in der in Vorbereitung befindlichen Schrift über *L' Origine de la Vérité*« (AuG, 106, vgl. AuG 63, Fn. 10).

Beide Bücher veröffentlicht er nicht. Die *Prosa der Welt* sollte unabgeschlossen postum erscheinen. (Vgl. Prosa) 1952 überarbeitet er einen Ausschnitt daraus und publiziert ihn als Aufsatz unter dem Titel *Das indirekte Sprechen und die Stimmen des Schweigens.* (AuG, 111-175) Auch die in Aussicht gestellte Schrift *L'Origine de la Vérité* wird 1953 noch nicht in Angriff genommen, die dazugehörigen Ideen fließen in das Fragment gebliebene, spät entstandene Nachlaßstück *Das Sichtbare und das Unsichtbare* ein.

1952 knüpft Merleau-Ponty zwar an seine beiden vorangegangenen großen Schriften an, doch er distanziert sich zugleich auch von ihnen, indem er eine gute von einer schlechten Ambiguität unterscheidet. Eine »schlechte Ambiguität«, eine Zweideutigkeit, zeichnet sich durch eine bloße »Mischung von Endlichkeit und Universalität, von Innerlichkeit und Äußerlichkeit« aus, eine »gute Ambiguität« findet Merleau-Ponty im Ausdrucksphänomen, in dem die heterogenen Elemente nicht bloß zusammengewürfelt, sondern zusammengefaßt sind. Hier nämlich zeigt sich »eine Spontaneität, die das scheinbar Unmögliche verwirklicht, die heterogene Elemente zusammenfaßt und eine Vielzahl von Monaden zu einem einzigen Gewebe von Vergangenheit und Gegenwart, Natur und Kultur einigt« (AuG, 110, vgl. 178).

Das bloß Ankündigung gebliebene Werk, der Abbruch einer bereits konzipierten Schrift sowie die Kritik an dem Begriff der Ambiguität können als Indizien für Merleau-Pontys persönliche und philosophische Krise in den Jahren 1950 bis 1953 angesehen werden. Seine gegenüber dem Kommunismus abwartende Haltung erfährt ihre Wandlung durch den 1950 einsetzenden Koreakrieg, der auch zu Spannungen in der Führungsetage der *Temps Modernes* führte. Langsam, aber stetig entfremdeten sich die ungleichen Freunde Merleau-Ponty und Sartre immer weiter voneinander. In Sartres Rückblick heißt es: »Wir waren beide durch äußere Ereignisse beeinflußt worden, aber in entgegengesetztem Sinn. Langsam angewachsener Ekel hatte plötzlich im einen den Abscheu vor dem Stalinismus, im anderen den vor seiner eigenen Klasse gezeitigt.«[24] 1955 schließlich rechnet Merleau-Ponty in den *Abenteuern der Dialektik* mit seiner politischen Haltung ab. Es erscheint ihm nun »unmöglich, den Kommunismus in zwei Teile aufzuspalten, und ihm in dem, was er ablehnt, recht, in dem aber, was er fördert, unrecht zu geben: denn in seiner Art und Weise abzulehnen ist schon seine Art und Weise positiver Behauptung enthalten« (AdD, 279). Der inzwischen 47jährige Merleau-Ponty sieht die Geschichte nicht mehr als einen Prozeß der Etablierung von Sinn, sondern »als eine Beseitigung des Unsinns« (AdD, 50). Im Zusammenhang mit dieser Auffassung steht auch die Dynamisierung des Wahrheitsbegriffs, Wahrheit ist nicht, sie wird; und Wahrheit resp.

Sinn manifestiert sich nicht endgültig in einem einzelnen empirischen Faktum – also auch nicht im Proletariat. Das überaus lange Kapitel *Sartre und der Ultra-Bolschewismus* (AdD, 115-244), das Sartre u.a. als »einen unvergleichlichen Rätselschmied« (AdD, 166) und »guten Cartesianer« (AdD, 177) bezeichnet, der dogmatisch zwischen dem Für-sich und dem An-sich trennt und der keinen Blick für die dazwischen befindlichen Symbolwelten besitzt, hat viel Staub aufgewirbelt.[25] Simone de Beauvoir etwa veröffentlicht eine polemische Kritik an Merleau-Ponty und eine blinde Verteidigung der Philosophie Sartres in *Les Temps Modernes*.[26]

Aus dem Rückblick und unter Berücksichtigung der philosophischen und politischen Meinungen, aber auch der Persönlichkeiten selbst erscheint der Bruch Merleau-Pontys mit Sartre und den *Temps Modernes* im Jahre 1953 (Parcours II, 127-169) fast zwangsläufig. Der unmittelbare Anlaß ist eher banaler Natur. Sartre strich einen Vorspann Merleau-Pontys zu einem Artikel, ohne diesen davon zu unterrichten.

Doch Merleau-Ponty verliert in jenen Jahren nicht nur einige seiner philosophischen Gesprächspartner und die *Temps Modernes*, die er bis dahin wesentlich geprägt hat. Mit dem Tod seiner Mutter 1953 widerfährt ihm ein weiterer Schicksalsschlag. Die persönliche Krise des Philosophen schlägt sich auch in seiner Publikationstätigkeit nieder. Zwar fungiert er 1956 noch als Herausgeber eines Sammelbands zur Geschichte der Philosophie unter dem Titel *Les Philosophes Célèbres*, doch seine zuvor rege Publikationstätigkeit flaut ab. Ein der *Phänomenologie der Wahrnehmung* vergleichbares Werk erscheint nicht mehr; und neben kleineren Gelegenheitsarbeiten im *Express*, in denen er z.B. regelmäßig auf Fragen der Leser antwortet, veröffentlicht er nur noch wenige Aufsätze, die aber gleichwohl von großer Bedeutung sind. Zu nennen sind u.a. die 1951 gehaltenen Vorträge

Der Mensch und die Widersetzlichkeit der Dinge (AuG, 71-98) sowie *Sur la phénoménologie du langage* (Z, 117-137), die 1952 publizierte Arbeit *Das indirekte Sprechen und die Stimmen des Schweigens* (AuG, 111-175), die 1959 publizierten Aufsätze *Von Mauss zu Claude Lévi-Strauss* (AuG, 225-241) und *Der Philosoph und sein Schatten* (AuG, 243-274). Besonders letztere Arbeit, die aus Anlaß des einhundertsten Geburtstages von Husserl entstand, macht noch einmal deutlich, wie Merleau-Ponty die Phänomenologie aufnahm. 1960 versammelt er einen großen Teil der genannten kleineren Arbeiten aus den Jahren von 1949 bis 1959 in dem Sammelband *Signes.*

Im Gegensatz zu den Anfängen Merleau-Pontys, die gut nachzuzeichnen sind, bleiben die philosophischen Bemühungen ab 1952 vergleichsweise dunkel. Dies hat darin seinen Grund, daß wichtige Schriften nur Fragment geblieben sind und des weiteren sich die Fragestellungen der Philosophie Merleau-Pontys potenzieren. Der Philosoph setzt sich nicht mehr nur mit Ansichten und Ansätzen anderer Autoren auseinander, vielmehr wird seine eigene Philosophie (vorwiegend die Überlegungen der *Phänomenologie der Wahrnehmung*) – meist vermittelt und indirekt – zum Gegenstand seines Nachdenkens. Über diese Phase der Neuformulierung und Neuorientierung geben insbesondere die Vorlesungsankündigungen Merleau-Pontys aus der Zeit von 1952 bis 1960 (Vorl., 51-128) sowie Vorlesungsmitschriften von 1956 bis 1960 (Natur) Auskunft.

Bevor Merleau-Ponty plötzlich und unerwartet am 3. Mai 1961 stirbt, erscheint sein letzter großer Aufsatz, *Das Auge und der Geist* (AuG, 275-317). Sein eigentliches Vermächtnis findet sich jedoch in der Ausarbeitung einer neuen Ontologie, die er 1959 in Angriff nimmt und die postum unter dem Titel *Das Sichtbare und das Unsichtbare* veröffentlicht wurde. Es ist nicht mehr der Leib, den Merleau-Ponty in das Zentrum seiner Philosophie stellt, es ist die grundlegendere Ebene des »Fleisches«, die der Phänomenologe bemüht, um ein »rohes Sein« zu umgrenzen, »wo das, was unseren Wesenheiten und unseren Bedeutungen entspricht, noch im wilden Zustand wiederzufinden ist« (SuU, 148).

Überblickt man das Werk Merleau-Pontys, so lassen sich drei Momente einer einheitlichen Denkbewegung benennen. Bis zur *Phänomenologie der Wahrnehmung* im Jahr 1945 thematisiert er die leibliche Verstrickung des Bewußtseins in die Welt, indem er die Ambiguitäten von Welt, Sprache und Bewußtsein reflektiert und diese am leiblichen Verhalten und vor dem Hintergrund des Primats der Wahrnehmung (PrW) expliziert. Es folgt eine Phase der Ausdifferenzierung und Ausweitung, ca. von 1945 bis 1950, und der Verschiebung resp. Umformulierung, ca. von 1950 bis 1959, in der Merleau-Ponty zuerst seinen Ansatz in verschiedenen Bereichen ausprobiert, etwa der politischen Theorie, neue Theorien übernimmt und integriert, z.B. die Zeichentheorie Saussures, sich aber auch langsam weiterentwickelt: Die Unterscheidung zwischen einer guten und einer schlechten Ambiguität, die Analyse des Ausdrucksphänomens in der Literatur, der Kunst und der Sprache oder der Bruch mit dem Kommunismus können dazu angeführt werden. Abgeschlossen wird schließlich der philosophische Werdegang durch eine nochmalige Fundierung des bereits Gedachten in einer neuen Ontologie, die die Grundlagen der bisherigen Analysen aufweisen soll. Wenn Merleau-Ponty zwei Jahre vor seinem Tod ausführt, daß »das Ende einer Philosophie [...] die Erzählung ihres Anfangs« (SuU, 230) sei, so nimmt er in seinen letzten Bemühungen gerade dies in Angriff, indem er die Anfänge des Philosophierens aus dem »wilden Sein« heraus reflektiert.

Die Unterbestimmtheit des Empirismus und die Überbestimmtheit des Intellektualismus

Gegen Ende der *Phänomenologie der Wahrnehmung* greift Merleau-Ponty auf diejenige Schwierigkeit zurück, die ihm bereits in der *Struktur des Verhaltens* als Ausgangspunkt seiner Überlegungen diente, die er nun aber hinsichtlich der sich anbietenden Lösungswege spezifiziert. Es geht darum, das Verhältnis zwischen Bewußtsein und Natur, zwischen Innerem und Äußerem aufzuklären, »oder auch, anders ausgedrückt, die Perspektive des Idealismus, in der nichts ist, es sei denn als Gegenstand für das Bewußtsein, ins Verhältnis zu setzen zur Perspektive des Realismus, der gemäß alles Bewußtsein verwoben ist ins Geflecht der objektiven Welt und der Geschehnisse an sich; oder endlich, nochmals anders ausgedrückt, zu begreifen, wie es kommt, daß Welt und Mensch zweierlei Wesen der Forschung zugänglich sind, der erklärenden und der reflexiven« (PdW, 487).

Merleau-Ponty ist kein Denker des Tertium-non-datur. Seine Philosophie entwickelt sich im Spannungsfeld der genannten Auseinandersetzung, im Philosophieren *zwischen* Realismus resp. Objektivismus auf der einen und Idealismus resp. Intellektualismus auf der anderen Seite.

Nicht nur das kontrastierende Vorgehen, aus dem heraus sich der methodische Standpunkt Merleau-Pontys gleichsam unterderhand entwickelt, erschwert die Lektüre, auch die detaillierte Beschreibung von psychologischen Fällen und Versuchen verdeckt zuweilen die Absicht des Autors. Ungeachtet der Schwierigkeiten aber muß die Methode als integraler Bestandteil der Philosophie Merleau-Pontys angesehen werden; ist erstens doch nur auf diese Art und Weise das Zwischenreich anzuzeigen, aus dem heraus der Phänomenologe argumentiert, und bleibt zweitens nur so der Kontakt zu dem Faktum der menschlichen Existenz gewahrt, das weder als reines Bewußtsein noch als bloßes Ding verklärt werden kann. Weder dem ersten Ansatz, dem realistisch-objektivistischen, noch dem zweiten Erklärungsmodell, dem intellektualistisch-idealistischen, folgt Merleau-Ponty. Im Hin und Her zwischen den Positionen deutet er eine Philosophie des Sowohl-als-Auch an, die sich jedoch in den verschiedenen Etappen seines Denkweges unterschiedlich artikuliert und manifestiert (z.B. am Leib oder im Ausdruck).

Er spezifiziert die realistischen Interpretationsversuche anhand psychologischer Theorien, die das psychische Phänomen in einzelne, empirisch isolierte Atome zergliedern, um es daraufhin wieder mit allerlei zusätzlichen Annahmen zu rekonstruieren. Die »intellektualistische Antithese« (PdW, 47), die das urteilende, sich seiner Handlungen durchweg bewußte Subjekt als Prinzip ansieht, lokalisiert er bei Descartes und Kant und in deren Gefolge bei Lagneau und Alain, teilweise auch bei Cassirer und verdeckt bei Husserl.

Merleau-Ponty setzt sich mit der Psychologie seiner Zeit auseinander. Der Reflexologie Pawlows und erst recht den behavioristischen Utopien eines Watson stehen die gestaltpsychologischen Interpretationen (Köhler, Koffka, Jaensch u.a.) gegenüber; entwicklungspsychologische Ansätze (Piaget, Wallon u.a.) wie auch die Experimente von Gelb und Goldstein zur Gehirnpathologie ergänzen ebenso das Panorama der Psychologie, wie die Psychoanalyse Freuds und die Untersuchungen Buytendijks zum tierischen Verhalten das Problemfeld der Psychologie erweitern und vertiefen.

Die Kritik und philosophische Aufklärung derartiger Gedankensysteme aber nach der kognitiven Wende in der Psychologie als anachronistisch oder naiv zu bezeichnen ist aus zwei Gründen kurzsichtig. Erstens drängen sich dem »kunstlosen Nachdenken«[27] die von Merleau-Ponty kritisierten Modelle zur Erklärung der Phänomene geradezu auf, und zweitens besteht Merleau-Pontys Philosophie nicht schlicht in einer Psychologiekritik, sondern in der Etablierung einer neuen Philosophie. Aus diesen Gründen verbietet es sich, die einfache, zum Teil sicherlich auch schematische und simplifizierende Gegenüberstellung von Empirismus und Idealismus allzu schnell als historisch überholt oder philologisch unangemessen zu bezeichnen und abzutun. Freilich läßt sich von nicht wenigen Idealisten wie auch Empiristen sagen, daß sie die von Merleau-Ponty beschriebenen Ansichten nicht teilen. Und dennoch besitzen gerade diese wissenschaftlichen und philosophischen Erklärungsmodelle die Tendenz, sich zu radikalisieren und zu universalisieren. »Hat ein Modell in einem bestimmten Problembereich Erfolg gehabt, so wendet man es überall an.« (AuG, 275) Mit anderen Worten, selbst wenn Merleau-Ponty nicht immer den Autoren gerecht wird, einzelne Argumente zu sehr betont und andere vernachlässigt – die herausgestellten Theorien drängen sich immer wieder in der einen oder anderen Form auf, das Bewußtsein und die Welt aus dem jeweilig gesetzten einen Prinzip zu erklären resp. zu deduzieren.

Der Behaviorismus faßt den Organismus vereinfachend als eine Art Klaviatur, auf der die Reize ihre jeweils bestimmte Melodie spielen. Der Organismus empfindet einen Reiz und reagiert auf die entsprechende, durchweg konstante Art und Weise. Merleau-Ponty setzt sich mit derartigen Ansätzen auf den unterschiedlichsten Erklärungsebenen auseinander. Seine kritischen Analysen umgreifen physiologische wie psychologische Theorien gleichermaßen. Zu nennen sind beispielsweise das einfache Reflexverhalten des Organismus, die höheren Verhaltensweisen wie z.B. die Theorie des bedingten Reflexes bei Pawlow, die Lokalisations- und Assoziationstheorien, die Sprachpsychologie und Handlungstheorie.

Entscheidend an der Psychologiekritik Merleau-Pontys ist erstens, daß große Teile der Psychologie das Bewußtsein als »ein Stück dieser Welt« (PdW, 62) begreifen. Das Bewußtsein wird als ein Objekt unter anderen Objekten gedacht, das den naturwissenschaftlichen Gesetzen blindlings folgt, wie es auch in einer Terminologie zu erklären ist, die keinen Unterschied zwischen Welt und Bewußtsein kennt – aber: »Die Kategorien sind alles andere als auf die Tatsachen zugeschnitten, sie sind ihnen aufgezwungen.« (SdV, 69) Denn keine der gängigen Kategorien wie Ursache, Wirkung, Mittel, Zweck, Materie, Form »reicht aus, um die Beziehungen des Leibes zum gesamten Leben zu erfassen, die Art und Weise, wie er mit dem persönlichen Leben oder wie dieses mit ihm verschränkt ist« (AuG, 78).

Zweitens beschreibt der Empirist die Empfindungen, »so wie man die Fauna eines fernen Landes beschreibt – ohne irgend daran zu denken, daß er ja selbst wahrnimmt, selbst wahrnehmendes Subjekt ist« (PdW, 244). Die Subjektivität und damit die Perspektivität des Wissenschaftlers wie auch des Menschen überhaupt wird ausgeschaltet, indem sie objektiviert wird. Verdeckt wird dadurch aber auch die Einsicht, daß es gerade die Perspektive ist, die Erkenntnis ermöglicht. Eine Erkenntnis bar jeder Perspektive kann nur Gott zugesprochen werden; dann aber spricht man besser von einem absoluten Wissen als von einer Erkenntnis.

Und drittens vergißt das wissenschaftliche Denken den Bezug zu seinem Ursprung, dem natürlichen, dem faktischen Leben und Handeln. Das wissenschaftliche Denken ist nach Merleau-Ponty ein »Denken im Überflug, ein Denken des Gegenstandes im allgemeinen« (AuG, 277), das sich in einer sekundären Welt, einer der physischen parallelen und analogen Welt (SdV, 2) einrichtet und diese analysiert, ohne die primäre Lebenswelt, aus der heraus sich wissenschaftliches Fragen entwickelt, noch sehen zu können.

Im Resultat erscheinen empirisch-analytische Vorgehensweisen einem Hausbau vergleichbar: »Man baut die Wahrnehmung aus Bewußtseinszuständen auf wie ein Haus aus Steinen, und man ruft eine geistige Chemie zu Hilfe, um diese Materialien zu einem kompakten Ganzen zu verschmelzen.« (PdW, 41 f.) Ähnliches läßt sich auch von einer Sprachpsychologie sagen, die das Wort als schlichtes Wortbild auffaßt, das einen neurologischen Ablauf initiiert: »der Mensch kann demnach sprechen, wie eine elektrische Birne glühen kann« (PdW, 208).

Merleau-Ponty gibt vielerlei zu bedenken. Seine Gegenargumente schöpft er zum einen aus dem Fundus gestaltpsychologischer Theorien und zum anderen aus dem Rückgang auf die faktische Erfahrung. So ist der Reizbegriff selbst schon mit Problemen durchsetzt. Die »*faktische* Wahrnehmung« (PdW, 21) reagiert nämlich nicht auf einen isolierten Reiz, sie setzt sich mit Verhältnissen, Strukturen und Gestalten auseinander. Strukturen etablieren sich dabei nicht nur zwischen verschiedenen Reizen oder Dingen, sondern auch zwischen dem auffassenden Organismus resp. dem Bewußtsein und der strukturierten Welt. Neben die horizontale Strukturiertheit der Welt tritt so eine darin verwobene vertikale Strukturierung von Organismus und Bewußtsein. Zudem bilden z.B. Wirtschafts-, Sozial- und Sprachsysteme »Strukturen von Strukturen« (SdV, 138; vgl. AuG, 230), die ihrerseits wieder die zuvor genannten Strukturen umgreifen und modifizieren.

Ebenso zeigen nicht wenige psychologische Experimente, daß es keine konstante Entsprechung zwischen einem bestimmten Reiz und einer ebenso bestimmten Reaktion gibt. Vielmehr muß der Organismus selbst als aktiv aufgefaßt werden, indem er sich den Gestalten gegenüber offen verhält. Isolierte Dinge und eindeutig bestimmte Reize können das Verhalten oder die Wahrnehmung so lange nicht adäquat erklären, bis auch die Lücken zwischen den Dingen, die ebenso eine Bedeutung tragen, und die gleichfalls bedeutsamen Horizonte, aus denen heraus sich die Dinge darbieten, berücksichtigt werden. Dann aber wandelt sich die analytische Psychologie zu einer Gestaltpsychologie, und diese gilt es philosophisch zu fundieren.

Auch sind es nicht bloße Empfindungen, Qualitäten oder auch Bilder, die den Anfang der Erkenntnis bilden oder die, vermittelt über Assoziation oder Gedächtnis, die Erkenntnis erklären; wie die Reize müssen auch diese bereits im Vorgriff als bedeutsam von Leib und Organismus aufgefaßt werden: »Empfindungen und Bilder, die angeblich Anfang und Ende aller Erkenntnis sind, treten in Wahrheit je schon in einem Sinnhorizont auf, die Bedeutsamkeit des Wahrgenommenen, anstatt aus Assoziationen zu resultieren, liegt in Wahrheit jeder Assoziation schon zugrunde, handle es sich um die Synopsis einer gegenwärtigen Gestalt oder um die Erinnerung einstiger Erfahrungen.« (PdW, 35)

Der Mensch handelt in der immer schon strukturierten Welt und mit den bedeutsamen Dingen der Welt. Das Verhältnis von Mensch und Welt, von Bewußtsein und Natur ist das einer Auseinander-Setzung, in der sich die genannten Kategorien von Reiz und Reaktion oder auch von Innen und Außen allererst bilden können, ohne daß sie je vollständig voneinander zu trennen sind. Der Mensch reagiert nicht auf isolierte Gegenstände und Reize, wie er diese auch nicht im Bewußtsein konstruiert, er nimmt vielmehr schon im Körper selbst Physiognomien auf, formt diese um und schreitet über sie hinweg, indem er neue Strukturen bildet, an denen er selbst aber immer – vermittelt über seinen Leib – ein stiller Teilhaber bleibt. An der einfachen Wahrnehmung eines Fußballplatzes illustriert Merleau-Ponty dies plastisch:

»Der Fußballplatz ist für den Spieler in Aktion kein ›Objekt‹, d.h. der ideelle Zielpunkt, der eine unendliche Mannigfaltigkeit perspektivischer

Ansichten zuläßt und in all seinen erscheinungsmäßigen Umformungen den gleichen Wert behauptet. Er ist von Kraftlinien durchzogen (›Seitenlinien‹, Linien, die den ›Strafraum‹ abgrenzen) – in Abschnitte gegliedert (z.B. die ›Lücken‹ zwischen den Gegnern), die eine Aktion von ganz bestimmter Art herbeirufen, sie auslösen und tragen, gleichsam ohne Wissen des Spielers. Der Spielplatz ist ihm nicht gegeben, sondern er ist gegenwärtig als der immanente Zielpunkt seiner praktischen Intentionen; der Spieler bezieht ihn in seinen Körper mit ein und spürt beispielsweise die Richtung des ›Tores‹ ebenso unmittelbar wie die Vertikale und Horizontale seines eigenen Leibes.« (SdV, 193)

Der Unterbestimmtheit des Empirismus, der das Subjekt eliminiert, indem er es als Weltding objektiviert, den Reiz isoliert und das faktische Leben übersieht, ließe sich als Alternative eine intellektualistische oder idealistische Philosophie entgegenstellen, die das Subjekt der Wahrnehmung und Handlung in den Vordergrund rückt. Doch können bloß intellektualistische Ansätze keine Verbesserung der Problemlage garantieren, wenn sie der empiristischen Theorie nur einen »Index« in der Form »Bewußtsein von ...« (PdW, 245) zur Seite stellen. Der Schwerpunkt der Theorie scheint nur verschoben vom Objekt zum Subjekt. »So erfahren die sämtlichen Thesen des Empirismus einen Umsturz: der Zustand eines Bewußtseins wird zum Bewußtsein eines Zustandes, Passivität zur Setzung der Passivität, die Welt wird zum Korrelat einer Weltvorstellung und existiert nur mehr für einen sie Konstituierenden.« (PdW, 245) Der Intellektualismus löst zwar die Unterbestimmtheit des Empirismus, bezahlt den Fortschritt aber mit einer Überbestimmung des Subjekts bzw. Bewußtseins. »In einem Falle ist das Bewußtsein zu arm, im zweiten zu reich, um es begreiflich zu machen, daß ein Phänomen vermöchte, es zu *erregen*. Der Empirismus sieht nicht, daß wir nichts suchten, wüßten wir nicht, was wir suchen; der Intellektualismus hingegen sieht nicht, daß wir gleichfalls nichts suchten, wüßten wir, was wir suchen.« (PdW, 49) Der Intellektualismus bricht mit der Welt an sich, indem er erkennt, daß die Welt immer nur Welt für ein Bewußtsein sein kann, doch diesem Bewußtsein wird zu viel aufgebürdet, wenn es als ein die Welt, die Dinge und den Anderen konstruierendes aufgefaßt wird. Wie soll ein derartiges Bewußtsein noch einen Unterschied zwischen Wahrem und Falschem erkennen, wenn es als konstruierendes Bewußtsein sich eo ipso immer nur Wahrem gegenübergestellt sehen kann? Zudem können einem außerhalb der Welt etablierten Ich – einem »Robinson Crusoe des Geistes«[28] – oder einem absoluten Bewußtsein, das nicht mehr von der Welt betroffen wird und sich seiner Handlungen immer bewußt ist, schwerlich noch Krankheiten widerfahren. »*Hinter* all seinen Delirien, Obsessionen und Lügen *weiß* der Verrückte, *daß er* deliriert, von sich selbst obsediert ist und lügt, letzten Endes *ist* er gar nicht verrückt, *er denkt nur, es zu sein.*« (PdW, 153) Wie, fragt Merleau-Ponty weiter, läßt sich überhaupt ein absolutes Bewußtsein denken, gar erkennen? »Ich begegne niemals dem Bewußtsein des Anderen von Angesicht zu Angesicht.« (HuT, 152) Das Bewußtsein ist nicht anders denn als leiblich in der Welt engagiertes und als intersubjektiv handelndes zu fassen, als losgelöstes bleibt es eine leerlaufende philosophische Spekulation. Überdies zeigt sich der Intellektualismus als ein »verdrängter Empirismus« (SdV, 217), wenn man in Rechnung stellt, daß sowohl dieser als auch jener die Welt als einen endgültig gegliederten Kosmos einzelner Dinge und Sachverhalte denken – im Empirismus ist diese These Ausgangspunkt der Überlegungen, im Intellektualismus Ziel der Konstruktion. In beiden theoretischen Entwürfen wird von den Gegenständen gesprochen, als seien sie in ihrem eigenen Sein adäquat, vor allen Dingen aber vollständig erfaßbar. Prinzipiell, so die Unterstellung, die sowohl Empirismus als auch Idealismus leitet, kann die Ordnung des Seienden erfaßt werden. Doch dieses Vorurteil bleibt unbefragt, Merleau-Ponty aber macht genau dieses Vorurteil zum Problem.

Wenngleich Merleau-Ponty den Intellektualismus ebenso heftig attackiert und gleichermaßen über die empirische Wissenschaft und die idealistische Philosophie urteilt, daß sie »zwei treue und untreue Gefolgschaften der Cartesischen Lehre, zwei Ungeheuer« (AuG, 300) der Trennung von »res cogitans« und »res extensa« darstellen, so ist seine Haltung gegenüber der idealistischen Variante – insbesondere gegenüber der Spielart einer Transzendentalphilosophie – doch differenzierter. Zum einen erkennt Merleau-Ponty im Intellektualismus »einen Fortschritt«, und zum anderen lehnt er eine reflexive Analyse nicht vollständig ab. Der Autor flüchtet sich in seinen Untersuchungen nie in einen Mystizismus. Im Gegenteil, die intellektualistische Analyse ist nämlich »weniger falsch als abstrakt« (PdW, 152). Das Bewußtsein ist zum einen mit seinem Bezug zu den Dingen und mit seiner Geschichte zu konfrontieren (PdW, 53), und zum anderen kann nicht anders denn durch die richtig verstandene und vollzogene Reflexion der unreflektierte Untergrund in das Blickfeld des Philosophen kommen (PdW, 283). Bereits früh ist Merleau-Ponty diesem Unreflektierten auf der Spur. Doch dieses Unreflektierte ist nichts, das sich in einer mystischen Schau jenseits aller Reflexion offenbarte, es ist nicht etwas, das man sozusagen durch Ausschaltung des Geistes begreifen könnte. Denn »das Unreflektierte, zu dem man gelangt, ist nicht dasjenige vor aller Reflexion. Es ist vielmehr das Unreflektierte, das durch die Reflexion verstanden und errungen wird« (PrW, 39). Es ist, wie es später heißen wird, der Schatten der Reflexion, der jedoch ohne das Licht derselben nicht zu erkennen ist.

Besonders in seinen beiden Werken *Struktur des Verhaltens* und *Phänomenologie der Wahrnehmung* plädiert Merleau-Ponty eindringlich für ein radikales, also bis zu den Ursprüngen zurückgehendes Denken der Transzendentalphilosophie. In der Grundlegung der Transzendentalphilosophie hofft der Autor auch die Verdopplung der »empirischen Operationen des Denkens um eine transzendentale Aktivität, die die sämtlichen Synthesen verwirklichen soll« (PdW, 157), als unnötig und falsch zu erweisen. »Wenn Reflektieren heißt: dem Ursprünglichen nachforschen, dem, wodurch alles andere sein und gedacht werden kann, so darf die Reflexion sich nicht auf das objektive Denken beschränken, vielmehr muß sie gerade die thematisierenden Akte des objektiven Denkens selber bedenken und deren Kontext rekonstituieren.« (PdW, 336) Nicht das Mögliche ist zu untersuchen, um das Wirkliche zu bestimmen, sondern das Wirkliche ist zu beschreiben, um das Mögliche als Mögliches zu erweisen. Bevor einem Cogito die Akte des Wollens, Liebens oder Glaubens unterstellt werden, muß zuvor wirklich gewollt, geliebt oder geglaubt werden, d.h., es ist zuvörderst die faktische Existenz des Menschen zum Verständnis zu bringen. (PdW, 435 f.)

Merleau-Ponty stimmt also dem Kantischen Diktum, daß »alle unsere Erkenntnis mit der Erfahrung anfange«[29], uneingeschränkt zu. Der *transzendentalen Wende* aber, der zufolge angenommen wird, daß die Gegenstände »sich nach unserer Erkenntnis richten«[30], fügt Merleau-Ponty noch einmal eine *transzendentale Kehre* zu, die im Durchgang des Reflektierens von Möglichkeiten nicht nur das Wirkliche als Ausgangsbasis der Analyse postuliert, sondern das Wirkliche in einer phänomenologischen Beschreibung als Richtmaß von Möglichkeiten ausweist. Im Gefolge eines derartigen Ansatzes formuliert Merleau-Ponty mit der Hilfe Husserls das Kantische Postulat um, ein »Ich denke« müsse »alle meine Vorstellungen begleiten können«[31]. Ein »Ich kann« fundiert allererst die Möglichkeit eines »Ich denke«, jenes begleitet dieses.

Merleau-Pontys Bemühungen, gegenüber bloß empirischen Wissenschaften und rein idealistischen Philosophien ein Zwischenreich der Untersuchung ausfindig zu machen, das allererst einen sicheren Grund des Denkens bereitstellen kann, lassen auch die Frage nach dem Sinn als berechtigt erscheinen. Während der Empirismus nur auf die Kraft des Sinnlichen vertraut, hofft der Intellektualismus die Lösung der Probleme einzig in einem sinngebenden Bewußtsein zu finden. Doch wie der Sinn zur Sinnlichkeit kommt, bleibt genauso unbedacht, wie die Sinnfrage nie den Fragenden einschließt.

Empirismus und Intellektualismus stehen demnach für zwei verfehlte Theorien, Sinn und Sinnlichkeit in Einklang zu bringen. Merleau-Pontys anfängliche Problemstellung, die Aufklärung des Verhältnisses zwischen Innerem und Äußerem, zwischen Bewußtsein und Natur, läßt sich umformulieren in die Fragestellung, wie Sinn und Sinnlichkeit zusammen auftreten resp. gedacht werden können. Und genau hierin erkennt Merleau-Ponty den *Primat der Wahrnehmung*, der darin besteht, daß Sinn und Sinnlichkeit in ihrer spezifischen Konkretion verständlich werden können. »Wenn wir von einem Primat der Wahrnehmung sprachen, so haben wir wohlgemerkt nie gemeint, daß die Wissenschaft, die Reflexion, die Philosophie nur transformierte Empfindungen oder daß die Werte aufgeschobene und berechnete Lust seien. [...] Wir wollten dadurch ausdrücken, daß die Wahrnehmungserfahrung uns mit dem Augenblick vertraut macht, in dem sich für uns die Dinge konstituieren, die Wahrheiten, die Güter, daß sie uns einen logos in statu nascendi an die Hand gibt, daß sie uns jenseits von jedem Dogmatismus die wirklichen Bedingungen der Objektivität selbst lehrt.« (PrW, 49 f.) Es gehe, so fügt Merleau-Ponty hinzu, nicht darum, »das menschliche Wissen auf Empfindungen zu reduzieren, sondern der Geburt dieses Wissens beizuwohnen« (PrW, 50). Das aber zeigt eine phänomenologische Analyse des eigentümlichen Phänomens der Wahrnehmung. Denn die Wahrnehmung entzieht sich einer dinglichen Betrachtung, wie sie ebenfalls nicht auf eine rein geistige Tätigkeit zu reduzieren ist. »Die Wahrnehmung ist nicht zu beschreiben als eines unter den Fakten, die in der Welt vorkommen, da wir im Bilde der Welt nie jene leere Stelle zu unterdrücken vermögen, die wir selbst sind, und in der sie erst dazu gelangt, für jemanden dazusein, da die Wahrnehmung der ›Fehler‹ in diesem ›großen Edelstein‹ ist.« (PdW, 244)

In der *Phänomenologie der Wahrnehmung* und der *Struktur des Verhaltens* ist Merleau-Pontys Frontstellung gegen Empirismus und Intellektualismus allgegenwärtig, so daß die Kennzeichnungen oft zum bloßen Schlagwort verkommen. Merleau-Ponty behält bis in seine letzten Schriften die Abgrenzung gegenüber derartigen Extremen bei, betont sie jedoch nicht mehr in diesem Maße. Nicht zu Unrecht wurde darauf hingewiesen, daß besonders die beiden ersten großen Werke die Tendenz erkennen lassen, eine »negative Philosophie« zu formulieren, die ein *Weder* (Empirismus) *Noch* (Intellektualismus) vorstellt, und daß Merleau-Ponty erst in seiner weiteren Entwicklung zu einer Philosophie des *Sowohl* (Sinn) *Als Auch* (Sinnlichkeit) findet, die auch die Kategorien von Aktivität und Passivität umgreift.[32] In der *Phänomenologie der Wahrnehmung* wird man oft dazu verleitet, das Zwischen(reich) als passives Vor(objektives) zu denken, um es vor den Fehldeutungen von Intellektualismus und Empirismus zu bewahren. Jedoch bleibt unklar, wie ein Vorobjektives in einer Philosophie, die mit Ambiguitäten arbeitet und das Handeln und Werden betont, zu fassen ist. Später bemüht sich

Merleau-Ponty im Zuge seiner Selbstkritik – mittels der Unterscheidung zwischen einer guten und einer schlechten Ambiguität –, das Zwischen(reich) aus dem Vor(objektiven) zu vertreiben und seiner im Ausdrucksphänomen habhaft zu werden. Doch es bleibt die Frage, inwieweit bei Merleau-Ponty das ›Zwischen‹ als ein ›Vor‹ zu denken ist; insbesondere dann, wenn man den späten, wiederholten Rückgang auf die Lebenswelt und das »wilde Sein« in *Das Sichtbare und das Unsichtbare* berücksichtigt.

Phänomenologische Variationen: Von der Phänomenologie des Leibes zur Ontologie des wilden Seins

In seinem 1959 publizierten Aufsatz *Der Philosoph und sein Schatten*, der dem Andenken Husserls gewidmet ist, erklärt Merleau-Ponty gleich zu Anfang, daß es nicht einfach sei, all das zu erkennen, was Husserls Verdienst war, gerade wenn man ihm viel verdanke. (AuG, 243) Und in der Tat, Merleau-Ponty schuldet Husserl im besonderen und der phänomenologischen Bewegung mit Heidegger, Scheler und Fink im allgemeinen sehr viel. In einem Interview aus dem Jahre 1946 bemerkt er, daß er und seine Zeitgenossen mit der Frage konfrontiert waren, wie man einen Ausweg aus dem Idealismus finden könne, ohne in die Naivität des Realismus zurückzufallen. Diesen Weg, so Merleau-Ponty weiter, wiesen Husserl und Heidegger. In ihren Philosophien finde sich eine mögliche Antwort, indem ein erweiterter Begriff der Philosophie vorstellig werde, der auch dasjenige Milieu thematisch werden läßt, worin sich unser konkretes Leben abspielt. (Parcours I, 66 f.) Nicht bloß taucht der Name des Begründers der Phänomenologie, weniger derjenige Heideggers, immer wieder in den Texten auf, Phänomenologisches ist in den Schriften Merleau-Pontys allgegenwärtig. Angefangen von den Problemstellungen und den Lösungsansätzen der Phänomenologie über die phänomenologische Methode und ihre Terminologie bis hin zu angedeuteten oder nicht ausgearbeiteten Projekten Husserls reichen die philosophischen Bemühungen des nach Ricœurs Einschätzung »größten französischen Phänomenologen«[33].

Die Verquickung Merleau-Pontyschen Denkens mit der Phänomenologie ist dabei nicht geprägt durch eine schlichte Übernahme der Husserlschen Philosophie oder eine bloße Applikation derselben auf neue Problemfelder. Er philosophiert im Namen der Phänomenologie aus dem Schatten heraus, den die offizielle Phänomenologie Husserls wirft; er betrachtet die Phänomenologie aus dem Bereich, der notwendig als im Schatten liegend dunkel bleibt, der aber auch erst durch die Phänomenologie zum Schatten geworden ist, d.h., der gerade durch die Phänomenologie – und nur durch sie – als Schatten ausgezeichnet wird. In diesem Sinne denkt Merleau-Ponty das »Ungedachte« (AuG, 244) der Phänomenologie. Er greift zur Erläuterung des Ungedachten auf die Bestimmung Heideggers zurück, der im *Satz vom Grund* schreibt: »An-denken [...] besagt jedoch: bedenken, und zwar das im Gewesenen noch Ungedachte als das zu-Denkende.«[34] Es ist gerade das Andenken Merleau-Pontys an Husserl, welches ihn das noch Ungedachte und im Schatten Liegende der Phänomenologie bedenken läßt.

Merleau-Pontys Umdeutung der Phänomenologie Husserls zu einer Phänomenologie eigenen Typs entwickelt sich im Schatten der offiziellen Phänomenologie und aus der Anwendung der phänomenologischen Methode. Die Transformation der Phänomenologie setzt bereits bei der Lektüre ein; Merleau-Ponty rezipiert die nicht veröffentlichten, bislang unbedachten Schriften und Texte Husserls, und er interpretiert sie zudem nicht auf eine dogmatische Art und Weise, d.h., »die Gedanken der Phänomenologie werden [...] vermehrt ihrer *Intention* nach« ausgelegt und die Texte auch »anhand phänomenologiefremder Kriterien« (Vorl., 133) erhellt.

Für ihn bedeutet Phänomenologie zuvörderst, die phänomenologische Vorgehensweise anzuwenden – »Phänomenologie ist zugänglich nur in phänomenologischer Methode.« (PdW, 4) Das Ziel der Phänomenologie, das für Husserl zugleich auch ihren Anfangspunkt markiert, findet Merleau-Ponty in den *Cartesianischen Meditationen* adäquat ausgedrückt; dort führt Husserl aus, daß »die reine und sozusagen noch stumme Erfahrung [...] zur reinen Aussprache ihres eigenen Sinnes zu bringen ist«[35]. Dieses Zitat wird Merleau-Ponty zeit seines Lebens begleiten. Es findet sich nicht nur in der *Phänomenologie der Wahrnehmung* (PdW, 257), sondern auch in den *Abenteuern der Dialektik* (AdD, 166); und er greift auf diese, seiner Meinung nach die Philosophie geradezu definierende Kennzeichnung auch in *Das Sichtbare und das Unsichtbare* zurück (SuU, 171).

Merleau-Ponty nimmt den Husserlschen Ausspruch »Zu den Sachen selbst«[36] nicht nur auf, er nimmt ihn auch ernst, indem er sich in die Sachen der Psychologie, der Linguistik oder auch der faktischen Existenz vertieft. In der *Struktur des Verhaltens* arbeitet er zuerst *an* der Sache der Beziehung des Bewußtseins zur Natur, in der *Phänomenologie der Wahrnehmung* richtet er sich dann *in* der Sache des Wahrnehmens ein, um sich in den fünfziger Jahren der eigentlichen Sache des Ausdrucks zu widmen. Schließlich beendet er seine philosophischen Arbeiten mit Skizzen einer neuen Ontologie, die der Sache des Seins nachspürt und das Sein in die Phänomenologie zu integrieren sucht.

Bereits die Intellektualismus und Empirismus kontrastierende Methode ist als ein genuin phänomenologisches Herangehen an die Probleme anzusehen. Kein Geringerer als Husserl schreibt in seinen *Prolegomena zur reinen Logik*, daß er in dem

Streit um eine psychologische und eine objektive Begründung der Logik eine »Mittelstellung«[37] (vgl. Vorl., 137) einnehme, die zwischen der Idealität der Antipsychologisten und der Empirie der Psychologisten anzusiedeln sei. Genau diesem Vorbild folgt Merleau-Ponty, wenn er herauszufinden sucht, aus welcher Perspektive der Dualismus von Bewußtsein und Natur, von Innen und Außen adäquat umschrieben werden kann.

Innerhalb dieser Mittelstellung zwischen Intellektualismus und Empirismus, die beide die Welt und das Subjekt zu erklären beabsichtigen, kann nun aber nicht mehr den traditionellen Methoden der Deduktion oder Reflexion gefolgt werden. Gefordert wird im Gegensatz dazu die Beschreibung: »Es gilt zu beschreiben, nicht zu analysieren und zu erklären« (PdW, 4). Die Deskription jedoch darf sich nicht einseitig auf das bloß Dinglich-Reale oder das rein Geistig-Ideale richten; sie muß beide Seiten einschließen, indem sie sowohl die Gegebenheitsweise der Dinge als auch die Auffassungsweise des Subjekts zu berücksichtigen hat. Dieses Postulat hat Husserl als »Prinzip der Prinzipien« formuliert, als ein Prinzip, das allen Prinzipien zugrunde liegen muß, das nicht zu umgehen ist und durch keine Theorie ersetzt werden kann. »Am Prinzip aller Prinzipien: daß jede originär gebende Anschauung eine Rechtsquelle der Erkenntnis sei, daß alles, was sich uns in der ›Intuition‹ originär, (sozusagen in seiner leibhaftigen Wirklichkeit) darbietet, einfach hinzunehmen sei, als was es sich gibt, aber auch nur in den Schranken, in denen es sich da gibt, kann uns keine erdenkliche Theorie irre machen.«[38] In einer seiner letzten Vorlesungen umschreibt Merleau-Ponty diesen Sachverhalt unter der Berücksichtigung der Philosophie Hegels auf den ersten Blick geradezu paradox, wenn er ausführt, daß die »*Zutat* des Philosophen« in der Weigerung bestehe, der menschlichen Erfahrung »etwas hinzuzutun« (Vorl., 240)

Die phänomenologische Methode der Reduktion genügt sich so auch nicht selbst. Sie erschöpft sich nicht darin, eine Welt von Wesen oder idealen Bedeutungen zu etablieren, sondern sie ist immer wieder auf die faktische Erfahrung zurückzubeziehen, aus der sie erwächst und zu deren Aufklärung sie berufen ist. Husserl befördert in den unterschiedlichen Ausarbeitungen seiner Phänomenologie zuweilen die Interpretation, daß seine Methode allein darin bestehe, mittels der Reduktion invariante Wesen herauszustellen und sie auf ein transzendentales Bewußtsein zu beziehen. Die Reduktion nämlich erlaubt es dem Phänomenologen, abzusehen von den Dingen der Welt, wie sie sich dem natürlichen Bewußtsein als reale Gegenstände unabhängig von ihm präsentieren, um sich den Phänomenen widmen zu können, so wie sie sich *geben* und so wie sie *aufgefaßt* werden. Damit umgeht die Phänomenologie das Dogma des Empirismus, das als Maß der Beurteilung einzig die daseienden Dinge favorisiert, sie verweigert sich jedoch gleichfalls dem Dogma des Intellektualismus, das als Richtschnur des Denkens nur ein allmächtiges Bewußtsein akzeptiert. »Der Haupterwerb der Phänomenologie dürfte die in ihrem Begriff von Welt und Vernunft geglückte Verbindung äußersten Subjektivismus und äußersten Objektivismus sein [...]. Die phänomenologische Welt ist nicht reines Sein, sondern Sinn [...].« (PdW, 17)

Die Gefahr besteht freilich darin, daß die in diesem Zwischenreich entdeckten Strukturen und Wesen als unabhängig von ihrem Ursprung gedacht und auf ein transzendentales Bewußtsein bezogen werden. Um dem entgegenzuwirken, fordert Merleau-Ponty nicht etwa den vollständigen Verzicht auf eine eidetische, die Wesen herausstellende, Phänomenologie, er sucht vielmehr die Wesen wieder in Bezug zu ihrem Ursprung zu setzen: »Wie Netze vom Meeresgrund das zuckende Leben der Fische und Algen ans Licht heben, so müssen die Wesen Husserls in sich die Erfahrung in all ihren lebendigen Bezügen einfangen.« (PdW, 12) Dann erst ist die phänomenologische Reduktion auch keine »Formel eines philosophischen Idealismus, sondern die einer Existenzphilosophie« (PdW, 11). Die Reduktion führt in diesem Sinne nicht aus der Welt hinaus in eine bloß ideale Weltvorstellung, sie umgreift in der Rückführung auf den Ausgangspunkt auch den Reduktion übenden Philosophen. Und das heißt: »Die wichtigste Lehre der Reduktion ist so die Unmöglichkeit der *vollständigen* Reduktion.« (PdW, 11) Merleau-Ponty dynamisiert dementsprechend das methodische Werkzeug der phänomenologischen Reduktion. Er begreift die Reduktion nicht in dem Sinne, wie Descartes etwa den Zweifel charakterisiert. Die Reduktion ist nicht nur einmal durchzuführen, um im Anschluß sozusagen ein selbstevidentes Feld der Phänomene zu betreten. »Die Probleme der Reduktion« sind für Husserl »kein Vorspiel oder Vorwort, sie sind der Beginn der Suche, und sie sind in gewisser Hinsicht das Ganze, weil nach Husserl ja das Untersuchen ein fortwährendes Anfangen ist.« (AuG, 246, vgl. SNS, 184)[39]

Der Philosoph ist kein absoluter Geist, er kann sich nicht jenseits der Reduktion positionieren, er muß immer wieder von neuem beginnen, und er bleibt notwendig ein immerwährender Anfänger, da er sich selbst nicht aus der Welt und der Zeit wegdenken kann. Mit dieser Deutung steht Merleau-Ponty auf der Seite Eugen Finks, der immer wieder die Reduktion gegenüber idealistischen Interpretationen – und, versteckt, auch vor Husserl selbst – in Schutz nimmt.[40] Überdies studierte Merleau-Ponty 1942 das Typoskript der Finkschen Ausarbeitung einer *VI. Cartesianischen Meditation*[41], in der Fink die Weltverwobenheit des Phänomenologen stets aufs neue betont. Fink macht nicht zuletzt auch gegen Heidegger[42] deutlich, daß die Reduktion nicht eingleisig aus der natürlichen Einstellung in die transzendentale Sphäre führt, sondern »infolge der auf transzendentalen Sinngebungen beruhenden Verweltlichung des Phänomenologisierens in die natürliche Einstellung« zurückkommt. Die natürliche Einstellung ist »nicht allein das Wovon-aus, sondern auch das Wo-für des Philosophierens«[43]. Den Vorwurf, die Husserlsche Reduktion führe zu einer weltverlorenen Bewußtseinsanalyse, hat sich Merleau-Ponty nie zu eigen machen können. Dazu verstand er vielleicht die Husserlsche Phänomenologie und ihre Wirkungen allzu gut. »In der Tat haben Phänomenologie und Existentialismus, obwohl sie zunächst einen entgegengesetzten Weg eingeschlagen haben, mehr Studenten für die Probleme der Geschichte geweckt als im Quietismus des transzendentalen Bewußtseins einschlummern lassen.« (SNS, 185)

Aus diesen Gründen auch darf der Begriff der Intentionalität – der in seiner rohesten Fassung besagt, daß alles Bewußtsein *Bewußtsein von etwas* ist – nicht statisch gefaßt und nicht als Objekt interpretiert werden, denn dann würde die Phänomenologie ausschließlich einen Erkenntnisakt isolieren und diesen in seinen Bestandteilen analysieren. Merleau-Ponty will vielmehr die grundlegendere »*fungierende Intentionalität*, in der die natürliche vorprädikative Einheit der Welt und unseres Lebens gründet« (PdW, 15)[44], herausheben: »Der Bezug zur Welt, der unermüdlich in uns sich ausspricht, ist nichts, was je Analyse zu größerer Klarheit brächte: die Philosophie kann ihn nur in unseren Blick und zur Feststellung bringen.« (PdW, 15) Die fungierende oder auch lebendige Intentionalität, die Merleau-Ponty mit dem Heideggerschen Begriff der Transzendenz in Relation setzt (PdW, 475), richtet sich nicht auf eine wissenschaftlich objektivierte Welt, wie sie gleichfalls nicht auf eine Weltvorstellung zielt; zudem wäre es auch falsch, die fungierende Intentionalität einem konstruierenden und dirigierenden Bewußtsein zu unterstellen. Sie geschieht in einer Welt, die vor jeglicher Analyse da ist, und sie wird vollzogen von einem Subjekt, das immer schon in die Welt verwoben ist, das immer schon in der Welt engagiert ist.

Genau dies möchte der Terminus technicus »Zur-Welt-sein« (être-au-monde) anzeigen, den Merleau-Ponty wiederum mit dem Heideggerschen Begriff der Existenz – einer Umdeutung des klassischen Existenzbegriffs – vergleicht (PdW, 149, 413): »Das wahre *cogito* definiert die Existenz des Subjekts nicht durch sein Denken zu existieren, wandelt nicht die Gewißheit der Welt zur Gewißheit der Weltvorstellung, setzt nicht an die Stelle der Welt selbst einen bloßen ›Sinn Welt‹. Vielmehr läßt es mein Denken selbst noch als unaufhebliches Faktum erkennen und schließt es jederlei Idealismus aus, indem es mich selbst entdeckt als ›Zur-Welt-sein‹.« (PdW, 10)

Das zur-Welt-seiende Subjekt, das Merleau-Ponty in der phänomenologischen Sphäre entdeckt, ist genausowenig wie die fungierende Intentionalität einer starren Logik der Analyse preiszugeben. Dies folgt aus dem Rückgang auf die faktische Welt und das faktische Subjekt, die Merleau-Ponty erkennen lassen, daß das Subjekt sich immer wieder neu zur Welt hin öffnet und sie entwirft, die Welt dem Subjekt aber immer schon als eine strukturierte Welt entgegentritt.

In diesen Kontext fällt ebenso Merleau-Pontys Rekurs auf die Lebenswelt.[45] Angeregt durch die späten Überlegungen Husserls in dem Fragment gebliebenen Werk zur *Krisis der europäischen Wissenschaften*, in dem Husserl u.a. ausführt, daß die Lebenswelt das »vergessene Sinnesfundament der Wissenschaft«[46] sei, fordert auch Merleau-Ponty als eine der ersten Aufgaben der Philosophie gegenüber den Wissenschaften den Rückgang auf die Lebenswelt. (PdW, 80 u. 491) Die Phänomenologie im Sinne der Auslegung der Lebenswelt kann auch nicht mehr mit der Introspektion oder der Intuition verwechselt werden. Sie

»ist vielmehr Aufhellung und Auslegung des vorwissenschaftlichen Bewußtseinslebens, die den Operationen der Wissenschaften erst ihren vollen Sinn verleiht und auf die eben diese Operationen beständig zurückverweisen. Sie ist nicht Wendung ins Irrationale, sondern Analyse des Intentionalen.« (PdW, 82 f.) Auch in seinen späten Überlegungen wird Merleau-Ponty das Thema der Lebenswelt noch behandeln (SuU, 216); doch dann wird er seinen systematischen Ansatzpunkt nicht mehr in einer existentialen Analyse des Wahrnehmens sehen, sondern in einer Ontologie, die sich als Ontogenese versteht und dem »wilden Sein« in der Lebenswelt nachspürt.

Die richtig verstandene Phänomenologie kann als Aufweisung der fungierenden Intentionalität nur als eine genetische Phänomenologie (PdW, 154) betrieben werden, die zwischen dem bloßen An-sich und dem reinen Für-sich die Sphäre des Sinns, das Reich der Phänomene, aufdeckt, gleichzeitig aber auch die Sinnstiftung und die Genese von Sinn beschreibt.

Eine Philosophie, die derart nicht ein intellektuelles Wissen, sondern ein vorprädikatives Können zum Gegenstand ihrer Überlegungen macht – die das »Ich denke« durch das »Ich kann«[47] ersetzt (PdW, 166; Z, 123; AuG, 252; SuU, 285) – und die den Sinn, die Sinngenese wie auch die Sinnstiftung in ihre Beschreibung mit einbezieht, manifestiert sich in einem ersten Schritt als eine Philosophie der Ambiguität, die die Sprache nicht vom Sprechen scheidet, die Form nicht von der Materie trennt, die Immanenz nicht ohne Transzendenz betrachtet und das Wahrnehmen nicht auf das Wahrgenommene reduziert. An diesem Punkt wird zudem verständlich, warum Merleau-Ponty die Praxis, das Wahrnehmen oder das Handeln derart stark in den Vordergrund stellt. Wahrnehmen und Handeln stellen nämlich Phänomene dar, die sich nicht einseitig beschreiben lassen. Eine Handlung läßt sich ebensowenig nur hinsichtlich ihres Erfolgs beurteilen, wie sich die Wahrnehmung ausschließlich im Akt des Wahrnehmens erschöpfen kann. Einzig eine Philosophie, die beide Seiten der Medaille in Rechnung stellt, kann wahrhaft umfassend sein.

Daß Merleau Ponty die Ambiguität in der *Phänomenologie der Wahrnehmung* in großen Teilen an dem menschlichen Kör per selbst entwickelt, der dadurch ausgezeichnet ist, daß er sowohl ein sinnliches Objekt der Welt ist als auch selbst Sinn stiftet, ist zum einen auf seine Auseinandersetzung mit der Psychologie und Physiologie zurückzuführen, zum anderen aber auch auf sein Husserl-Studium. Als Merleau-Ponty das Husserl-Archiv besuchte, studierte er u.a. die nichtveröffentlichten Überlegungen Husserls zu einer Fortführung seiner *Ideen zu einer reinen Phänomenologie*. Die sogenannten *Ideen II* beinhalten bereits Überlegungen zu der »Auszeichnung« des Leibes gegenüber den realen Dingen der Welt als einer »zweiseitigen Realität«[48]. Doch Husserls streng methodische Analysen weisen den Leib in erster Linie als Durchgangsstadium einer transzendentalen Konstitutionstheorie aus; überdies bleiben sie gegenüber den Untersuchungen von Merleau-Ponty ein Knochengerüst. Diesem war es vorbehalten, die Analysen auf den Leib hin zu zentrieren und die Beschreibungen mit Leben zu erfüllen und weiterzutreiben.

Allein in einer Philosophie der Ambiguität, die in der Beschreibung von Zweiseitigkeiten endet, kann die phänomenologische Methode Merleau-Pontys auch schon in der *Phänomenologie der Wahrnehmung* nicht ihren Endpunkt erkennen. Vollständig kann eine Phänomenologie erst dann sein, wenn sie sich zu einer Phänomenologie der Phänomenologie erweitert; darin erst findet sie ihren Abschluß: »Der Phänomenologie im Sinne direkter Beschreibung muß sich eine Phänomenologie der Phänomenologie zur Seite stellen. Wir müssen erneut auf das cogito zurückgehen, um in ihm einen fundamentaleren Logos als den des objektiven Denkens zu gewinnen, der diesem sein relatives Recht wie auch seinen beschränkten Platz zuweist.« (PdW, 418; vgl. AuG, 269) Auch hier dürfte sich Merleau-Ponty durch Fink inspiriert haben lassen. In seiner *VI. Cartesianischen Meditation* spricht Fink von der »Phänomenologie der Phänomenologie«, die das »anonym fungierende phänomenologisierende Denken«[49] noch einmal einer eigenen Analytik unterzieht. Ähnlich wie Heidegger hofft Merleau-Ponty, dieses ursprüngliche Fundament in der Zeit zu finden, nachdem er das Cartesische Cogito einer phänomenologischen Kritik unterzogen hat und ihm ein schweigendes Cogito voranstellt.

Das Ungedachte der Phänomenologie findet der Philosoph bis 1945 in den Fragmenten Husserls angedeutet. Seine in der *Phänomenologie der Wahrnehmung* durchgeführte Philosophie der Ambiguität entdeckt in einer Beschreibung primordialer, also ursprünglicher oder anfänglicher, Funktionen (PdW, 185) den Leib als das Mittel des zur-Welt-seienden Menschen. Einen ersten Schritt zur Entidealisierung der Phänomenologie hat Merleau-Ponty damit bereits zurückgelegt, da ein vermeintlich weltentbundenes transzendentales Subjekt wieder in die Welt gestellt und der Leib als Vollzugsort der fungierenden Intentionalität gedacht wird. Es ist die in der Phänomenologie übliche Rede vom menschlichen Leib als einem »Leibkörper«, die diese Form der Ambiguität bereits begrifflich zum Ausdruck bringt. Der Mensch ist aufgrund seines Körpers als eines Dinges unter Dingen in der Welt situiert; dieser Körper aber ist nicht bloßer Körper, als Leib ist die Welt zugleich für ihn eine Welt der sinnlichen und sinnhaften Erfahrung.

Doch Merleau-Ponty konstruierte, so sein eigener Einwand, eine Philosophie. Entgegen der originär phänomenologischen Methode der Deskription ging er von der Gegenüberstellung von Empirismus und Idealismus oder von der Dualität von Innen und Außen, von Natur und Bewußtsein aus. Die Beschreibung war demnach keine reine Beschreibung, sondern gründete zumindest teilweise auf theoretischen Modellen. Und überdies läuft eine Philosophie der Ambiguität resp. der Zweideutigkeit Gefahr, zu einer zweideutigen Philosophie zu verkommen, wenn die eine Seite jeweils gegen die andere gestellt wird oder beide gar gegeneinander ausgespielt werden. Erst wenn beide Seiten als Einheit begriffen werden, ohne in eine Identität gesetzt zu werden, ist diese Gefahr gebannt – soweit die Kritik Merleau-Pontys an seinem eigenen Werk.

Im Ausdruck hofft Merleau-Ponty Anfang der fünfziger Jahre einen neuen Lösungsansatz zu finden: »Das Studium der Wahrnehmung konnte uns lediglich eine ›schlechte Ambiguität‹, eine Mischung von Endlichkeit und Universalität, von Innerlichkeit und Äußerlichkeit offenbaren. Im Phänomen des Ausdrucks liegt indes eine ›gute Ambiguität‹ vor, d.h. eine Spontaneität, die das scheinbar Unmögliche verwirklicht, scheinbar heterogene Elemente zusammenfaßt und eine Vielzahl von Monaden zu einem einzigen Gewebe von Vergangenheit und Gegenwart, Natur und Kultur einigt.« (AuG, 110) Das Ungedachte der Phänomenologie artikuliert sich jetzt weniger in einer expliziten Philosophie der Ambiguität als in einer Phänomenologie des Ausdrucks, worin die Ambiguität sich gleichsam selbst ausspricht. Bereits in der *Phänomenologie der Wahrnehmung* erkannte Merleau-Ponty im Ausdrucksverhalten eine ausgezeichnete Leistung. Und er konnte für seine Überlegungen in diesem Werk auf einen Autor zurückgreifen, der zum einen der Phänomenologie sehr nahesteht und der zum anderen dem Ausdrucksverhalten und dem Ausdruck in seiner Philosophie einen bevorzugten Platz einräumt. Es handelt sich um den Neukantianer Ernst Cassirer, auf den Merleau-Ponty immer wieder zu sprechen kommt, ohne daß diesem jedoch explizit eine besondere Stellung eingeräumt wird. Merleau-Ponty verschweigt eher seine Beziehung zur Cassirerschen Philosophie, doch ist sie besonders in seiner ersten Schaffensperiode nicht zu übersehen.

Cassirer präsentiert in seiner *Philosophie der symbolischen Formen*[50] eine Kulturphilosophie, die in ihrem weiteren Verlauf die Kantische Transzendentalphilosophie nicht nur auf die kulturellen Erscheinungen wie Mythos, Sprache oder Technik ausdehnt, sondern diese auch in dem systematischen Grundverhalt der »symbolischen Prägnanz« einigt. Der Neukantianer entwickelt dieses Prinzip – ebenso wie Merleau-Ponty seine Überlegungen – mit Hilfe der Gestaltpsychologie. Cassirer versteht unter der symbolischen Prägnanz diejenige Art, »in der ein Wahrnehmungserlebnis, als ›sinnliches‹ Erlebnis, zugleich einen bestimmten nicht-anschaulichen ›Sinn‹ in sich faßt und ihn zur unmittelbaren konkreten Darstellung bringt. Hier handelt es sich nicht um bloß ›perzeptive‹ Gegebenheiten, denen später irgendwelche ›apperzeptive‹ Akte aufgepfro[p]ft wären, durch die sie gedeutet, beurteilt und umgebildet würden. Vielmehr ist es die Wahrnehmung selbst, die kraft ihrer eigenen immanenten Gliederung eine Art von geistiger ›Artikulation‹ gewinnt – die, als in sich gefügte, auch einer bestimmten Sinnfügung angehört.«[51]

Wenngleich Merleau-Ponty den einzelnen symbolischen Formen und erst recht dem symbolisch formenden Bewußtsein Cassirers kritisch gegenübersteht, da er hier ein allmächtiges Ich vermutet, weckt die symbolische Prägnanz als das Fundament der Cassirerschen Philosophie gleichwohl das Interesse des französischen Philosophen. (PdW, 155) Es gilt, so führt Merleau-Ponty aus, »als allen bedeutungsgebenden Akten des thetischen und theoretischen Denkens vorgängig, die Ausdruckserlebnisse, als allem Zeichen-Sinn vorgängig den Ausdrucks-Sinn, als aller Subsumtion von Inhalten unter Formen vorgängig die symbolische ›Prägnanz‹ der Form im Inhalt zu erkennen« (PdW, 338 f.). Merleau-Pontys immer wiederkehrende Rede von der »Inkarnation« (z.B. PdW, 108), also der Verkörperung oder der Fleischwerdung, kann gleichsam als Universalisierung der Cassirerschen »symbolischen Prägnanz« begriffen werden, die bei letzterem funktional und gesichtslos bleibt, bei Merleau-Ponty jedoch zum Leben erweckt wird. Später wird Merleau-Ponty so auch von der Prägnanz als dem Fleisch sprechen können. (SuU, 267)

Es verwundert nun auch nicht, daß Merleau-Ponty in jenen Jahren nach der Publikation der *Phänomenologie der Wahrnehmung* unter einer anderen denn der leiblich vermittelten Perspektive auf die Sprache zurückkommt und diese als Ausdruckssystem interpretiert; ist es doch weniger der Leib als das einheitliche, sich jedoch stets überschreitende Ausdrucksvermögen selbst, aus dem sich Ambiguitäten entwickeln können. Zur Seite stehen Merleau-Ponty nicht nur die Theorie de Saussures, sondern auch Untersuchungen zur Ästhetik, wie sie in *Die Prosa der Welt* und *Das indirekte Sprechen und die Stimmen des Schweigens* einfließen. Die Konzentration auf eine Phänomenologie des Ausdrucks läßt auch seine Rede von den »Symbolsystemen« Geschichte, Sprache, Wahrheit oder Wahrnehmung (AdD, 242; Vorl., 68) verständlich werden. Ausdruck und Symbol als Kennzeichnungen der Zwischenwelt, die Merleau-Ponty nicht mehr über eine vorausgesetzte Philosophie der Ambiguität begreifen möchte, definieren für ihn in jenen Jahren auch die Philosophie in ihrem ganzen Umfang: »Die Philosophie geht sowohl auf die anonyme symbolische Tätigkeit, aus der wir selber emportauchen, wie auch auf die persönliche Rede zurück, die sich in uns bildet und die wir sind; sie erforscht jenes Ausdrucksvermögen, das in anderen Symbolsystemen bloß gebraucht wird.« (Vorl., 45)

Merleau-Ponty betreibt immer noch Phänomenologie; er favorisiert nun aber die Phänomenologie im Sinne einer »Archäologie« (Vorl., 54), von der Husserl schreibt, daß sie das »Letzturspüngliche und alle Ursprünge des Seins und der Wahrheit in sich Beschließende«[52] zu erforschen habe. Mittels dieser Archäologie des Ausdrucks versucht Merleau-Ponty auf ein neues, dem Sinn nachzuspüren, der sich nun *zwischen* den Wörtern versteckt, der vor dem Hintergrund des Schweigens auftaucht (AuG, 121) und den z.B. Cézanne in seinen Bildern freilegt (AuG, 17 f.). Jedoch ist der Ausdruck keine direkte Übersetzung des Auszudrückenden, das Ausdrucksgeschehen ist vielmehr selbst schöpferisch – es umgreift das Vorher des Auszudrückenden, wie es das Nachher des Ausgedrückten ermöglicht. Die Archäologie des Ausdrucks entdeckt im Ausdruck selbst das Letztursprüngliche, von dem Husserl gesprochen hat, das *Sowohl* des Sinns und das *Als-Auch* der Sinnlichkeit, das *Sowohl* der Vergangenheit und das *Als-Auch* der Zukunft sowie das *Sowohl* des Sagens und das *Als-Auch* des Gesagten und Verschwiegenen.

Merleau-Pontys Archäologie des Ausdrucks stellt die zweite Etappe auf dem Weg zur Entidealisierung der Phänomenologie dar; gleichzeitig könnte man – blickt man auf das Spätwerk – auch sagen, daß die archäologische Arbeit den ersten Schritt zu einer Entsubjektivierung der Phänomenologie vollzieht. Die existentiale Analytik tritt zusehends in den Hintergrund; und sie wird ersetzt durch eine Symbolanalyse, die nie zu einer schlichten Semiotik degeneriert.

Doch die Phänomenologie des Ausdrucks bleibt ein Durchgangsstadium, ja sie weist bereits vermittels der archäologischen Vorgehensweise über sich hinaus. Das Prinzip des Ausdrucks kann Merleau-Ponty nicht genügen, um sein 1952 angekündigtes und eigentliches Ziel zu erreichen: nämlich den Logos der bisher stumm gebliebenen natürlichen Welt zur Sprache zu bringen. (AuG, 109 f.) Darum auch blickt er in seinen letzten Überlegungen auf seine bisherige phänomenologische Entwicklung kritisch zurück, und er versucht, das Ungedachte (SuU, 158) selbst zu denken resp. zu fassen. Er treibt die Phänomenologie an ihre Grenzen; und er beabsichtigt in seinen späten Überlegungen, das Ungedachte selbst »durch Ausdrücke, die es umgrenzen oder umschreiben« (Vorl., 118), zu belegen. Handelte es sich bis dahin in Merleau-Pontys Phänomenologie darum, das Ungedachte der Phänomenologie, insbesondere das Ungedachte der Phänomenologie Husserls, zuerst am Leib ausfindig zu machen und dann im Ausdruck zu markieren, so konzentrieren sich die letzten Überlegungen des französischen Philosophen darauf, eine Archäologie des unbedachten Hintergrundes zu entwickeln, die das Sein der Lebenswelt mit einschließt. »Was in uns der Phänomenologie widerstrebt – das natürliche Sein, jenes ›barbarische Prinzip‹, von dem Schelling sprach –, kann nicht außerhalb der Phänomenologie bleiben, sondern muß in ihr selbst seinen Platz finden.« (AuG, 270) Weder genügt es, eine existentiale Analyse des Leibes durchzuführen, noch eine Archäologie des Ausdrucks zu skizzieren, wenn nicht das Sein beschrieben wird, an dem der Leib teilhat und von dem sich der Ausdruck als Ausdruck abhebt. Im »wilden« und »rohen« Sein (SuU, 215) hofft Merleau-Ponty die ontologischen Grundlagen des Leibes und des Ausdrucks ausfindig zu machen. Die Kategorie des Fleisches (chair) erlaubt es ihm, den vormalig in extenso benutzten Leibbegriff ontologisch zu fundieren, indem das Fleisch nicht mehr auf ein Subjekt oder einen Menschen beschränkt ist, sondern die »fungierende Welt« (SuU, 158) umfaßt.

Merleau-Ponty radikalisiert die Husserlsche Phänomenologie, indem er die Andeutungen Husserls bezüglich einer *leibhaftigen* Wirklichkeit, der sich der Phänomenologe stellen muß, beim Wort nimmt; und überdies führt er die Aufgabe einer »Ontologie der Lebenswelt«[53], die dem Phänomenologen obliegt, aus. Hierin findet das Projekt der Entidealisierung – und vielleicht auch das der Entsubjektivierung – der Phänomenologie seinen Abschluß, da der Leib »aus demselben Fleisch gemacht« ist »wie die Welt« (SuU, 313).

Merleau-Ponty legt in jeder Etappe seines Denkwegs eine originäre und auch originelle Interpretation der Phänomenologie vor. Es ist insbesondere die Methode der Phänomenologie, die ihn zur Sphäre des Sinns führt und die er immer wieder neu bearbeitet – unter der Perspektive des Leibes, des Ausdrucks oder des Seins. Auch markiert die Phänomenologie die spezifische Differenz zwischen Sartre und Merleau-Ponty. Sartre schreibt in seinem Rückblick: »Husserl wurde unser Abstand und unsere Freundschaft.«[54] Und Merleau-Ponty wirft in den *Abenteuern der Dialektik* Sartre vor, daß dieser von dem Husserlschen Grundproblem, der Explikation eines Bewußtseins, das nicht konstruiert, sondern nur auslegt, was bereits zuvor wahr ist, nichts wissen wolle. (AdD, 166)

Ein Manko aber begleitet Merleau-Pontys Phänomenologie – er reflektiert kaum seine eigene philosophische Terminologie. Gerade eine Phänomenologie, die in einem Zwischenreich ein sicheres Fundament für die Philosophie zu finden glaubt, und gerade eine Philosophie, die keinem etablierten Denkgebäude vertraut, sondern sich in einem »Zickzack«[55] (AuG, 154; Vorl., 185) eine neue Sphäre der Argumentation erschließt, sollte sich über die eigene Sprache Rechenschaft ablegen. Merleau-Ponty kann weder mit der traditionellen Terminologie der Philosophie noch mit der Wissenschaftssprache argumentieren. Vergleiche, Metaphern, Allegorien und auch Geschichten umgarnen den Leser häufig; schwierig ist es nicht selten, das Argument Merleau-Pontys zu extrahieren und begrifflich zu fassen. Leider folgt er auch bezüglich der Problematik einer adäquaten philosophischen Sprache seinem phänomenologischen Lehrmeister Edmund Husserl, der, anders als etwa Fink (operative Begriffe)[56] oder Heidegger (formale Anzeige)[57], kaum einen Gedanken auf seine phänomenologische Terminologie verwendet. Es bleibt ein heikles Unterfangen, eine derart komplexe Philosophie ohne eine gründliche Reflexion der philosophischen Rede in Angriff zu nehmen – und dies zumal in der Phänomenologie, die sich anders als etwa Wittgenstein in den *Philosophischen Untersuchungen* nicht auf die Umgangssprache kapriziert.

2. Ambiguitäten des Leibes, der Welt, der Sprache und des Bewußtseins

Der Leib als das Mittel des Zur-Welt-seins

Friedrich Nietzsche polemisiert in *Also sprach Zarathustra* heftig gegen die einseitige Betonung der Vernunft und des Geistes in der Philosophie. Der Abschnitt *Von den Verächtern des Leibes* beginnt so auch mit den Worten: »Den Verächtern des Leibes will ich mein Wort sagen. Nicht umlernen und umlehren sollen sie mir, sondern nur ihrem eignen Leibe Lebewohl sagen – und also stumm werden.« Im Vergleich zum Leib gilt Nietzsche die Vernunft nur als »kleine Vernunft«, »ein kleines Werk- und Spielzeug« der »großen Vernunft«, des Leibs.[58] Nietzsche stellt sich mit seinen einprägsamen Worten gegen die philosophische Tradition, die den Leib oft nur als minderwertiges Vollzugsorgan des Geistes auffaßt. Doch nicht allein Nietzsche versucht, den Leib aus den Fängen der Vernunft oder des Geistes zu befreien. Zu erinnern ist in diesem Zusammenhang ebenso an den Theoretiker der Geisteswissenschaften, Dilthey, an die Lebensphilosophen Bergson und Klages und auch an die herausragenden Anthropologen im 20. Jahrhundert, Scheler, Plessner und Gehlen.

Wiewohl Merleau-Ponty seine Untersuchungen bis 1945 auf den Leib hin zentriert und ähnlich wie Nietzsche den Leib als das Zentrum der Weltorientierung etabliert, folgt er dennoch Nietzsche nicht; er tauscht nicht, wie Nietzsche immer wieder suggeriert, das eine, die Vernunft, bloß gegen das andere, den Leib, aus. Auch fällt es schwer, Merleau-Ponty einen Anthropologen zu nennen, insbesondere wenn man sieht, welche Themen er bereits in der *Phänomenologie der Wahrnehmung* anschneidet (z.B. Zeitlichkeit und schweigendes Bewußtsein), und wenn man zudem überblickt, in welche Richtung Merleau-Ponty seine Untersuchungen nach 1945 fortführt.

Er fühlt sich Husserl verpflichtet, der sich die Frage stellt, wie sich für das Bewußtsein Ding, Raum und Zeit überhaupt konstituiert, also genetisch entwickelt *haben* und inwiefern *mein* Leib »in einziger Auszeichnung«[59] bei dieser Konstitution beteiligt ist: »Einerseits ist der Leib auch ein Ding, physisches Ding wie irgendeines sonst [...]. Andererseits ist dieses Ding eben Leib, Träger des Ich.«[60] Und im kleinen zeigt sich Husserl diese Zweiseitigkeit in dem Phänomen, daß in dem einen und einheitlichen Eigenleib Subjekt und Objekt sich differenzieren, daß die eine Hand die andere berühren kann und umgekehrt, wobei »fungierendes Organ zum Objekt und Objekt zum fungierenden Organ werden muß«[61]. Merleau-Ponty macht sich Husserls Problemstellung zu eigen, doch wird dieses Problem in einem neuen Sinne für den französischen Phänomenologen thematisch. Merleau-Ponty reiht seine Überlegungen nicht wie Husserl in eine Begründungslinie ein, die zu einem transzendentalen Bewußtsein führt, vielmehr beabsichtigt der Autor der *Phänomenologie der Wahrnehmung*, in der Auslegung und Beschreibung der Doppeldeutigkeit des Leibes selbst das transzendentale Motiv am Leib aufzuweisen, es aber nicht durch eine höhere Instanz zu erklären und damit zum Verschwinden zu bringen. Wenn Husserl von Konstitution spricht, so ist dies eine Konstitution für das Bewußtsein, in welcher der Leib eine ausgezeichnete Stellung einnimmt – nicht mehr und nicht weniger. Spricht Merleau-Ponty von Konstitution, so meint er damit den

Aufweis einer bereits anonym vollzogenen, leiblich vermittelten Konstitution, die sich einer analytischen und leibfernen Reflexion entzieht und die erst recht nicht in einem transzendentalen Bewußtsein aufgehoben werden kann. Merleau-Ponty bewegt sich in dem Spannungsfeld einer Rekonstitution von bereits Konstituiertem, ohne diese Ambiguität reflexiv aufzulösen. Sie bleibt das Paradox, das man nur verstehen kann und das sich am leiblichen Verhalten in seinen vielfältigen Schattierungen aufzeigen läßt.

Deshalb auch kann er nicht der Sartreschen Leibinterpretation zustimmen. Merleau-Ponty diskutiert nämlich in dem ersten Teil der *Phänomenologie der Wahrnehmung* den Eigenleib unter der – modifizierten Husserlschen – Vorgabe der Weltorientierung, d.h. der Welthabe *und* Weltstiftung: »Unser beständiges Ziel ist die Aufklärung der primordinalen Funktion, durch die wir Raum, Gegenstände und Werkzeuge für uns sein lassen und uns zu eigen machen, und die Beschreibung des Leibes als des Vollzugsortes dieser Zueignung.« (PdW, 185) Sartre hingegen führt erst relativ spät in *Das Sein und das Nichts* aus – bezeichnenderweise nachdem er seine Bewußtseinsanalysen zu großen Teilen schon dargelegt hat –, daß der Leib entweder *mein* Leib ist und mir insofern eine Welt vermittelt, er also ein *Leib für mich* ist, oder aber als *Leib für andere* angesehen werden muß, also als Ding unter anderen Dingen.[62] Das Sowohl-als-Auch von berührender und berührter Hand im fungierenden Eigenleib bei Husserl wird von Sartre nicht ernst genommen, da es in einen Dualismus aufgelöst wird: entweder Leib für mich oder Leib für andere. Das Husserlsche Phänomen ist für Sartre »nicht wesentlich«[63], ja es ist ihm bloße »Kuriosität«[64].

In der *Struktur des Verhaltens* und in der *Phänomenologie der Wahrnehmung* expliziert Merleau-Ponty im Kontext einer Phänomenologie des Leibes nicht zufällig die Theorien von Empirismus und Intellektualismus. Nur im Durchgang durch die Psychologie und Physiologie und nur im Rückgang auf den Ursprung des Intellektualismus kann sich ein Philosophieren erklären, das den Leib erstens als den Vollzugsort des Zur-Welt-seins vorstellt und ihn zweitens als paradigmatischen Fall der Ambiguität von Sinn und Sinnlichkeit aufdecken möchte. Intellektualismus und Empirismus bleiben nach Merleau-Ponty bei einem Vorletzten stehen, und überdies können sie in ihrer Entfaltung und weiteren Anwendung nur einseitig ausgebaut werden. Vorläufig bleiben sowohl Empirismus als auch Intellektualismus hinsichtlich der nicht ausgewiesenen Setzung ihres jeweiligen Prinzips – der maßgeblichen Natur resp. des allmächtigen Ich. Einseitig bleiben beide Theorien bezüglich der adäquaten Erklärung des jeweilig anderen Bereichs. Demgegenüber versucht Merleau-Ponty, »die Alternative, nichts vom Subjekt, oder aber nichts vom Objekt verstehen zu können, zu durchbrechen«. Es gilt, »den Ursprungsort des Gegenstandes im Innersten unserer Erfahrung selbst aufzusuchen, das Erscheinen des Seins zu beschreiben und das Paradox zu verstehen [...], wie *für uns etwas an sich* zu sein vermag« (PdW, 96).

Der Leib spielt nun insofern im konzeptionellen Aufbau der genetischen Untersuchungen Merleau-Pontys eine ausgezeichnete Rolle, als der Phänomenologe in der Kritik des objektiven Denkens der Wissenschaften, die den Leib voreilig und einseitig zum Gegenstand erheben, im wahrnehmenden Eigenleib selbst die Ambiguität von Subjekt *und* Objekt erblickt. Wird also gezeigt, daß die objektiven Wissenschaften den Leib nicht adäquat als etwas Gegenständliches erklären können, so wird gleichzeitig gezeigt, daß sie nicht in der Lage sind, mittels des wissenschaftlichen Gegenstandsbegriffs das Phänomen des Gegenständlichen zu begreifen, d.h., sie sind nicht fähig, wahrnehmendes Subjekt und wahrgenommene Welt zu erklären – dies gilt freilich nur dann, wenn auch gezeigt wird, daß der Leib der Ursprungsort von Subjekt und Objekt, Ich und Welt ist. Merleau-Pontys Phänomenologie des Leibes verfolgt sonach zwei Ziele. Einerseits stellt sie eine phänomenologische Beschreibung des Leibes dar, die den Wissenschaften vorangeht und ursprünglich ist, andererseits präsentiert Merleau-Ponty darüber hinaus eine Philosophie, die im Ausgang von den Leibbeschreibungen die traditionellen philosophischen Kategorien von Subjekt und Objekt, Form und Inhalt, Aktivität und Passivität in Frage stellt.

Im Rückgang auf den Eigenleib wird die Auszeichnung desselben offensichtlich. Der Eigenleib zeichnet sich nicht nur dadurch aus, daß er ständig als der Angelpunkt der Wahrnehmungsperspektiven, ohne die es gar keine Gegenstände geben kann, mit anwesend ist; die permanente Gegenwart des Eigenleibes besagt zugleich, »daß ich niemals ihn eigentlich vor mir habe, daß er sich nicht vor meinem Blick entfalten kann, vielmehr immer am Rand meiner Wahrnehmung bleibt und dergestalt *mit* mir ist« (PdW, 115). Der Leib ist durchweg mit der Gegenstandswahrnehmung, er eröffnet die Perspektiven und Horizonte. Die leiblichen Perspektiven ermöglichen es erst, von Gegenständen zu sprechen. Ohne Perspektiven können sich keine Gegenstände zeigen, wie sie sich auch nicht ohne Perspektiven verbergen können. Doch die Perspektivität ist keine »subjektive Deformation der Dinge« (SdV, 216), sie »führt keineswegs in die Wahrnehmung einen Subjektivitätsfaktor ein, sondern verleiht ihr im Gegenteil die Gewißheit, mit einer Welt zu verkehren, die reicher ist als das, was wir von ihr erkennen, d.h. mit einer realen Welt zu verkehren« (SdV, 216). Als Angelpunkt der Perspektiven läßt der Leib sich selbst nicht perspektivisch umkreisen; er begrenzt unsere Erkenntnis und macht sie dadurch auch erst möglich; *als* »die Welt sehender oder berührender ist [...] mein Leib niemals imstande, selber gesehen oder berührt zu werden. Weil er das ist, wodurch es Gegenstände überhaupt erst gibt, vermag er selbst nie Gegenstand, niemals ›völlig konstituiert‹ zu sein« (PdW, 117). Auch Merleau-Ponty wird im weiteren Verlauf nicht etwa den Eigenleib vollständig *erklären*; es wird sich gerade zeigen, daß eine völlige Transparenz des Leibes auch in einer Phänomenologie, die dem Unreflektierten nachspürt, nicht zu erreichen ist, daß der sinnlich-sinnstiftende Leib nicht in allen seinen Vermögen reflexiv einzuholen und zu fixieren ist.

Es gehört auch zum Leib, daß er sich gleichsam im Zuge seines Tuns, im Wahrnehmen selbst, zum Vergessen bringt. In den meisten Fällen ist die leibliche Vermittlung nicht präsent: »Wenn ich Ereignissen beiwohne, [...] so bin ich mir kaum der fortwährenden Zäsuren bewußt, die der Lidschlag dem Schauspiel aufprägt« (SdV, 218). Dieses Phänomen liegt in den Verhaltungen des Leibes selbst – und erst recht den Akten des Bewußtseins – verborgen. Im Verhalten und Wahrnehmen richtet sich der Leib auf die Objekte des Wahrnehmens und Verhaltens, und er richtet sich bis zu einem gewissen Grad in ihnen ein; der Leib löst sich gleichsam im Objekt seines Wahrnehmens auf. Begeht man nun den Fehler, den Leib kategorial mit demjenigen gleichzusetzen, auf das er sich bezieht, so ist eine adäquate Beschreibung des Leibes nicht mehr möglich. Im Falle des Bewußtseins drückt Merleau-Ponty dies plastisch aus: »Alles Bewußtseinsleben tendiert zur Setzung von Gegenständen, da es nur Bewußtsein, nämlich Sichwissen ist, sofern es sich selbst einem identifizierbaren Gegenstand erst abgewinnt. Und doch ist schon die absolute Setzung eines einzigen Gegenstandes der Tod des Bewußtseins, da sie, wie eine Lösung durch die Einführung eines einzigen Kristalls sich gänzlich kristallisiert, alle Erfahrung erstarren läßt.« (PdW, 96)

Den Blick auf die eigentlichen und grundlegenden Leistungen des Eigenleibs erhält man derart auch nur dann, wenn man ihn auf die »beginnende Wahrnehmung« (SdV, 190 f.), die Wahrnehmung »*in statu nascendi*« (PdW, 18, 232) richtet. Dort findet man die Strukturen noch in einer einheitlichen Bewegung vor, die sich später erst ausdifferenzieren in Subjektives und Objektives – mit einem Wort: die Wahrnehmung in statu nascendi ist der »Fehler« im »Edelstein« (PdW, 244). Merleau-Ponty spricht so auch nicht von *dem* Leib, *der* Sprache oder *dem* Bewußtsein, sondern darüber, was der Leib, die Sprache und das Bewußtsein in statu nascendi umgreifen und anzeigen – es geht um das leibliche Verhalten und Wahrnehmen, das Sprechen und das Bewußtwerden.

Er schreitet mit diesen Überlegungen über eine einfache Umdeutung atomistischer Theorien in der Psychologie mittels gestaltpsychologischer Ansätze hinaus. Jedoch bleiben die gestaltpsychologischen Einsichten für seine weiteren Untersuchungen von Relevanz, ja sie verschmelzen mit der phänomenologischen Beschreibung des Eigenleibs, wie sie hauptsächlich in der *Phänomenologie der Wahrnehmung* vollzogen wird. Im Unterschied zur *Struktur des Verhaltens*, die insbesondere den Gestaltbegriff und die Gestaltanalysen in den Vordergrund stellt, begibt sich Merleau-Ponty in der *Phänomenologie der Wahrnehmung* nicht mehr in die Position eines »fremden Zuschauers« (SdV, 185, 211), sondern in die Position des Wahrnehmenden selbst; er schaut nicht auf die Wahrnehmung in statu nascendi, vielmehr entwickelt er die Strukturen des Wahrnehmens direkt aus der Sicht des beginnenden Wahrnehmens.

Einen Einstieg in die hieraus resultierende grundlegende Problematik des Leibs, die schließlich in eine »existentielle Analyse« (PdW, 159 ff., 165) von Wahrnehmungsstörungen mündet, bietet das Phänomen des Phantomglieds, dessen physiologische wie auch psychologische Erklärungen unbefriedigend bleiben (PdW, 100 ff.). Eine physiologische Erklärung, die auf der Verarbeitung peripherer Reize beruht, versagt insofern, als gezeigt werden kann, daß z.B. eine Anästhesie das Phantomglied nicht verschwinden läßt und auch das Phänomen des Phantomglieds ohne Amputation auftreten kann, nämlich bei Hirnverletzten. Gleichzeitig versagt demgegenüber die psychologische Theorie. Zwar ist nicht zu leugnen, daß das Psychische eine gewichtige Rolle im Fall des Phantomglieds spielt, da z.B. das Phantomglied in unterschiedlicher Gestalt empfunden werden kann, für die es jedoch keine objektiven Reize gibt. Doch eine rein psychologische Theorie kann nicht die Tatsache erklären, daß nach der Beseitigung der sensitiven Leiter zum Gehirn das Phantomglied verschwindet. Weder Physiologie noch Psychologie können dem Phänomen des Phantomglieds gerecht werden. Beide Modelle umgreifen nicht alle Erscheinungen, und sie weisen auch nicht ihr Erklärungsprinzip auf. »Es gilt also das Zusammenspiel psychischer Determinanten und physiologischer Bedingungen zu verstehen: doch unverständlich scheint eben dies, wie das Phantomglied, einerseits deutlich bedingt durch physiologische Umstände, insofern Folge einer Kausalität dritter Person, gleichwohl *zu einem anderen Teile* mit der persönlichen Geschichte des Kranken, seinen Erinnerungen, Erschütterungen und seinem Willen zusammenhängen kann.« (PdW, 101) Eine einfache Mischung von psychologischer und physiologischer Theorie kann das Phänomen nicht erklären, solange die *Bedeutung* des Phänomens selbst nicht verstanden ist. (SdV, 76) Bevor eine Erklärung in Angriff genommen werden kann, muß zuvörderst das Phänomen, das man erklären möchte, verstanden werden. Die Bedeutung des Phänomens im Kontext des Verhaltens ist allererst aufzudecken. Um dies zu erreichen, die Bedeutung des Phantomglieds für den Menschen zu begreifen, vollzieht

Merleau-Ponty eine Blickwendung. Die Funktion des Leibs ist nur dann zu verstehen, wenn »ich sie selbst vollziehe, und in dem Maße, in dem ich selbst dieser einer Welt sich zuwendende Leib bin« (PdW, 99). Nicht die Außenperspektive, die zumeist eine objektivierende Perspektive ist, läßt mich die Phänomene verstehen, vielmehr kann erst die phänomenologische Perspektive, die dem Außen aber kein Innen gegenüberstellt, sondern zwischen Innen und Außen die Funktionen und Verhaltungen in ihrer Genese beschreibt, zu Ergebnissen führen. In wenigen Zeilen skizziert Merleau-Ponty seine Interpretation, die das Phantomglied in seiner Bedeutung begreifbar macht und die als Leitfaden der weiteren Analysen angesehen werden kann:

»Verständlich wird dieses Phänomen, das physiologische und psychologische Erklärung gleichermaßen entstellen, aus der Perspektive des Zur-Welt-seins. Was in uns sich der Verstümmelung und dem Gebrechen verweigert, ist das in einer physischen und zwischenmenschlichen Welt engagierte Ich, das sich allen Mängeln oder der Amputation zum Trotz weiterhin auf die Welt hin spannt und insofern Amputation oder Mangel *de jure* nicht anerkennt. Die Nichtanerkennung des Mangels ist nur die Kehrseite unserer Weltzugehörigkeit [...]. Den Phantomarm haben, heißt für alles Tun, dessen allein der Arm fähig ist, offen bleiben, heißt das vor der Verstümmelung besessene praktische Feld sich bewahren. Der Leib ist das Vehikel des Zur-Welt-seins, und einen Leib haben heißt für den Lebenden, sich einem bestimmten Milieu zugesellen, sich mit bestimmten Vorhaben identifizieren und darin beständig sich engagieren.« (PdW, 106; vgl. SdV, 141 f.)

Physiologische und psychologische Defekte werden nun nicht mehr aus der deduktiv erklärenden Perspektive der Wissenschaften gesehen, sondern von der Warte aus interpretiert, die das Ich in der Welt beläßt, die es als leiblich gebundenes als zur-Welt-seiend begreift. Der Leib wird nicht länger als reales Objekt der Wissenschaft oder der Reflexion aufgefaßt, sondern in der Form, in der er sich als zur-Welt-seiend vorstellt, und dies heißt, als wahrnehmender, sich verhaltender Leib. Dem objektivierten Leib von Psychologie und Physiologie stellt Merleau-Ponty den phänomenalen Leib gegenüber. (PdW, 131; SdV, 179)

Deutlich wird nun auch – und dies führt nicht selten zu erheblichen Verständnisschwierigkeiten –, daß Merleau-Ponty vom Leib in unterschiedlichem Sinne spricht, es unterschiedliche Weisen des Leibseins gibt: »Jede physiologische Erklärung verallgemeinert sich zur mechanistischen Physiologie und jedes Bewußtwerden zur intellektualistischen Psychologie, mechanistische Physiologie und intellektualistische Psychologie aber nivellieren gleichermaßen das Verhalten« (PdW, 151) – und sie nivellieren gleichermaßen die verschiedenen Möglichkeiten des Leibs, Leib zu sein. Differenzen lassen sich erst dann aufzeigen, wenn verstanden wird, daß es *»unterschiedliche Weisen des Leibes, Leib zu sein, unterschiedliche Weisen des Bewußtseins, Bewußtsein zu sein«* (PdW, 151; vgl. SdV, 244), gibt.

Der phänomenale, sich verhaltende Leib läßt Merleau-Ponty in einem ersten Schritt erkennen, daß jener eine »Eigenstruktur, eine immanente Bedeutung« (SdV, 179) besitzt. Als »Knotenpunkt lebendiger Bedeutungen« (PdW, 182) begegnet er der Welt (PdW, 277), findet er »Anhalt« an der Welt (PdW, 292) und fungiert als unsere »Verankerung in der Welt« (PdW, 174, 103): »Indem ich meine Hand an mein Knie führe, erfahre ich in jedem Moment der Bewegung die Realisierung einer Intention, die nicht auf mein Knie als Idee oder auch nur als Gegenstand abzielt, sondern als gegenwärtigen und wirklichen Teil meines lebendigen Leibes, und d.h. als Durchgangspunkt meiner beständigen Bewegung auf die Welt zu.« (PdW, 174 f.) Der fungierende Eigenleib verankert sich ständig in einer Welt, er findet einen Anhalt an der Welt, und er fühlt sich in ihr heimisch.

Dies heißt nun darüber hinaus, daß der Leib selbst »Subjekt der Wahrnehmung« (PdW, 263) resp. ein »natürliches Ich« (PdW, 243) ist, dem eine eigene Form von Verstehen zukommt. Allein, dieses Verstehen oder auch Wissen ist kein Verstehen des Verstandes, kein logisches Subsumieren unter eine Idee, kein Klassifizieren, dessen Regeln zu explizieren sind. Der Leib als natürliches Ich verfügt ganz im Sinne des Cartesischen »lumen naturale« über ein »unbezweifelbares Begreifen«[65], dem somit eine Form von Allgemeinheit zukommt, das aber nicht wie bei Descartes der Vernunft entspringt, sondern dem Leib als vorgängigem und damit auch anonymem Sinnstifter eignet.[66] Weder der objektive Leib noch ein absolutes Bewußtsein vollziehen die Synthesen von Leib und Welt und auch nicht die Synthesen unterschiedlicher Empfindungen – der Leib als natürliches Ich ermöglicht dies. (PdW, 272) »Die Geste der Hand, die sich auf einen Gegenstand zu bewegt, impliziert einen Verweis auf den Gegenstand nicht als solchen der Vorstellung, sondern als dieses sehr bestimmte Ding, auf das hin wir uns entwerfen, bei dem wir vorgreifend schon sind und das wir gleichsam umgeistern.« (PdW, 167) Der Leib ist vorgreifend bereits bei einem Gegenstand, auf den hin er sich doch selbst erst zu entwerfen hat, und er bedeutet, begreift oder umgeistert ihn dadurch, daß er fähig ist, sich ihm zu öffnen. Merleau-Ponty erkennt hier nicht, wie er es einmal ausdrückt, »eine schon ganz fertige Vernunft, sondern – wie man immer gesagt hat – ein natürliches Licht, unsere Offenheit für etwas« (PrW, 42 f.).

Die Auslegung des Leibs als natürliches Ich, das – einem personalen Ich vorgängig – Sinnstrukturen entwirft, Sinn stiftet, führt Merleau-Ponty zu weiteren Einsichten, die die Funktionen dieser Sinnstiftung betreffen. Die Differenzierung zwischen einem phänomenalen Leib im Sinne einer Verankerung in der Welt und im Sinne eines Cartesischen »lumen naturale« auf der einen Seite und einem objektivierten Leibding auf der anderen Seite ist noch nicht ausreichend. Der phänomenale Leib trägt Merleau-Ponty zufolge zwei Schichten in sich: »die des habituellen und die des aktuellen Leibes« (PdW, 107). Die Kategorien des habituellen und aktuellen Leibs, die wiederum als spezifische, nichtkognitive Formen des Wissens zu verstehen sind, können erst das Phänomen des Phantomglieds zur Gänze verständlich machen, da der habituelle Leib die Vermögen weiter in sich trägt, die die Gegenstände erst zu handhabbaren Gegenständen werden lassen. Der habituelle Leib richtet sich immer noch auf die Welt in der ihm gewohnten Weise, so daß sich »handhabbare Gegenstände [...], eben als Gegenstände des Hantierens, fragend an meine Hand« (PdW, 106) wenden können. Der habituelle Leib verkörpert noch die vorgängigen und erworbenen Vermögen des Zur-Welt-seins, in ihm sind sie noch vorrätig. Doch der aktuelle Leib ist im Falle der Amputation nicht mehr in der Lage, die Gegenstände der Welt zu handhaben – es »grenzen sich im Ganzen meines Leibes Regionen des Schweigens aus« (PdW, 106). In diesem Spannungsfeld nun entwickelt sich die Bedeutung des Phantomarms als Ausdruck des Zur-Welt-seins, so wie sie Merleau-Ponty herauszustellen suchte: als ein Bewahren der Möglichkeiten des Weltbezugs, die allein dem Arm zukommen, als beständiges Engagement in der Welt.

Gleichzeitig zeigt sich auch hier eine Unvereinbarkeit, die Merleau-Ponty als das Paradox des Zur-Welt-seins überhaupt deutet. Es handelt sich um den nicht zu lösenden Widerspruch zwischen Sinnstiftung und Sinn: »der Welt mich zutragend, ballen meine perzeptiven und praktischen Intentionen sich auf Gegenstände zusammen, die mir letztlich als ihnen vorgängig und sie übersteigend erscheinen, und die gleichwohl für mich nur existieren, insofern sie mein Denken und Wollen betreffen«

(PdW, 107). Dieses Paradox ist aufzudecken, jedoch nicht aufzulösen. Auch die Reflexion kann der leiblichen Erfahrung nur nachspüren; versuchte die Reflexion dieses Phänomen zu analysieren, so verschwände vielleicht das Paradox. Man bezahlte jedoch die sich ergebende Klarheit und Durchsichtigkeit mit dem Preis, der ursprünglichen Erfahrung zu widersprechen. Die zweideutige Wirklichkeit leiblicher Welterfahrung verschwände zugunsten der Idee des Körpers und der Idee der Welt.

Merleau-Pontys Begriff des Zur-Welt-seins ist nicht als thetischer, Objekte setzender Bewußtseinsakt einer »res cogitans« zu beschreiben, wie er auch nicht etwas in der Welt als Ding bezeichnet, gleichsam als »Modus der *res extensa*« (PdW, 104). Mit dem Zur-Welt-sein charakterisiert Merleau-Ponty denjenigen Bereich, der zwischen bloßer Objektivität und bloßer Subjektivität anzusiedeln ist und der darüber hinaus als Umschreibung eines Weltbezugs dienen soll, der nicht zu umgehen ist, der den thetischen Akten des Bewußtseins zugrunde liegt und der vom Leib je schon vollzogen wird: »Der Reflex, insofern er dem Sinn einer Situation sich öffnet, die Wahrnehmung, insofern sie jeder erkenntnismäßigen Gegenstandssetzung zuvor eine Intention unseres ganzen Seins verkörpert, sind Weisen der *präobjektiven Sicht*, die wir als das Zur-Welt-sein bezeichnen.« (PdW, 104)

Der Ausdruck »Zur-Welt-sein« läßt den Leib, das Bewußtsein oder die Sprache in statu nascendi verständlich werden, und insofern ist er ein Terminus, der bestimmte Phänomene in der phänomenologischen Einstellung adäquat beschreiben läßt; andererseits zeigt dieser Ausdruck die Perspektive Merleau-Pontys an, mit der er die Phänomene *als* Phänomene betrachten kann. Der Ausdruck ist mehrdeutig. Er ist ein Werkzeug der phänomenologischen Beschreibung, insofern der Leib oder ein Ich zur Welt ist, und er ist zugleich die Sicht, die Perspektive, die den Bereich der Beschreibung zugänglich werden läßt.

Man kann das Zur-Welt-sein Merleau-Pontys durchaus mit dem Heideggerschen »In-der-Welt-sein« in Beziehung setzen, das dieser als Seinsverfassung des Daseins interpretiert.[67] Übersehen sollte man jedoch nicht, daß Merleau-Ponty erstens nicht Heideggers fundamentalontologischer Differenzierung zwischen Sein und Seiendem folgt und zweitens in seinen späteren Analysen zur Welt keine Scheu davor hat, von einem Vertrauen in die Welt zu sprechen (PdW, 345), das Heidegger eher pejorativ als »Verfallenheit«[68] bezeichnen würde.

Das Zur-Welt-sein gilt Merleau-Ponty als ein Drittes »zwischen Psychischem und Physiologischem«, das er auch »Existenz« nennt. (PdW, 149, 413) »Die Beziehung von Subjekt und Objekt ist nicht mehr jene *Erkenntnisbeziehung*, von der der klassische Idealismus sprach und in der das Objekt stets wie vom Subjekt konstruiert erscheint, sondern eine *Seinsbeziehung*, der zufolge das Subjekt paradoxerweise sein Körper, seine Welt und seine Situation *ist* und auf gewisse Weise *sich austauscht.*« (SNS, 96) Der fungierende, handelnde Leib existiert derart, daß er zur-Welt-seiend sich entwirft und sich die Strukturen einverleibt. Hier nun gebraucht Merleau-Ponty den Ausdruck »Zur-Welt-sein« in einem weiteren Sinne. Die Existenz und das »Zur-Welt-sein-durch-einen-Leib« werden jetzt als »Subjekt« des Wahrnehmens begriffen. (PdW, 358) Merleau-Ponty spricht auch von dem »Pulsschlag der Existenz« (PdW, 104)[69] und dem »Kommen und Gehen der Existenz, die bald sich körperlich sein läßt, dann wieder in persönlichem Handeln sich zuträgt« (PdW, 113). Der Leib drückt die Existenz aus, indem er sie allererst realisiert und selbst die aktuelle Wirklichkeit der Existenz ist. In diesem Sinne »inkarniert«, verkörpert sich die Existenz im Leib, so wie das Denken sich in der Sprache ausdrückt, so daß nicht mehr zwischen Innen und Außen, Zeichen und Bedeutung geschieden werden kann, die nur mehr »abstrakte Momente« des inkarnierten Leibes sind. (PdW, 198) Ähnlich auch drückt sich der Zorn unmittelbar im Leib aus, so daß die Geste des Zorns der Zorn ist – freilich nicht in einem behavioristischen Sinne. Leib und Existenz resp. Zur-Welt-sein können nicht geschieden werden, da beide »einander wechselseitig voraussetzen, der Leib geronnene oder verallgemeinerte Existenz, die Existenz unaufhörliche Verleiblichung« (PdW, 199).

Der aktuell fungierende Leib greift auf bereits sedimentiertes Wissen zurück, das sich im habituellen Leib – auch als Leib der kulturellen Welt und Geschichte – im Laufe der Zeit gleichsam abgelagert hat. Eine stetige Auf- und Übernahme ist das Charakteristikum der Existenz, die, ihrer Dynamik beraubt, zu einer kristallisierten Existenz und damit zu Pathologien führen kann. Diese Art des Wissens ist freilich nie ein kognitives »knowing that«, das zudem einem bewußten Ich zugeordnet werden könnte, sondern eher ein »knowing how«[70], ein Können, dessen Explikation nachträglich und unvollständig bleibt. Das sedimentierte Wissen des Leibes bleibt anonym, es bleibt im Modus des »Man« (PdW, 280).

Die *Reflexion* über eine Tischwahrnehmung z.B. scheidet zwischen dem Wahrnehmen und dem Wahrgenommenen; schließlich muß sie, nachdem der Dualismus aufgebrochen ist, wieder die Synthese zwischen dem Tisch und dem Wahrnehmungssubjekt herstellen. Unbedacht bleibt bei dieser Form der Reflexion die vorgängige und anonyme Tischwahrnehmung, die eine »Wahrnehmungstradition« (PdW, 279) übernimmt und die keinem identifizierbaren Ich zuzuordnen ist. »Ich nehme wahr mit meinem Leib, mit meinen Sinnen, wobei mein Leib und meine Sinne nichts anderes sind als eben dieses habituelle Wissen von der Welt, diese implizite oder sedimentierte Wissenschaft [...]. In der Wahrnehmung denken wir nicht den Gegenstand und denken nicht uns als denkend, wir sind vielmehr zum Gegenstand und gehen auf in unserem Leib, der mehr als wir selbst von der Welt und von den Motiven und Mitteln weiß, sie zur Synthese zu bringen.« (PdW, 278 f.)

Der Leib als das Mittel des Zur-Welt-seins, die Differenzierung zwischen objektiviertem und phänomenalem Leib, zwischen anonym fungierendem und habituell sedimentiertem Leib bewährt sich im Verlauf der Untersuchungen im wesentlichen bei der Raum-, Zeit- und Sprachanalyse. Weitere Untersuchungen zum sexuellen Verhalten dienen Merleau-Ponty zur Vertiefung bereits herausgearbeiteter Strukturen, sie belegen u.a. die These, daß auch hier eine eigentümliche Art nichtpropositionalen Verstehens am Werke ist, das erotische Verstehen, das die Körper »blindlings« (PdW, 188) miteinander verbindet. Und Merleau-Ponty zeigt zudem, daß die normale Wahrnehmung nicht affektiv neutral ist, daß sie vielmehr erotisch gestimmt und fähig ist, »eine geschlechtliche Welt« (PdW, 187) zu entwerfen.

Der Wahrnehmungsakt ist es auch, der die Synthese der Zeit vollzieht. Merleau-Ponty macht deutlich, daß die Wahrnehmung weder in der Zeit schlicht statthat noch der Zeit einfach unterworfen ist. Die Wahrnehmung vollbringt vielmehr Zeit, sie zeitigt, indem jeder Wahrnehmungsakt die Aufnahme einer anonymen Wahrnehmungstradition und den Überstieg zum Wahrzunehmenden erfordert und auch leistet:

»Der Akt des Blickens ist in eins prospektiv, da der Gegenstand im Zielpunkt meiner Fixierungsbewegung steht, und retrospektiv, da er sich als seiner Erscheinung vorgängig geben wird, als der ›Reiz‹, das Motiv oder das erste Bewegende des ganzen Prozesses von seinem Anfange an. [...] In jeder Fixierungsbewegung verschlingt mein Leib eine Gegenwart, eine Vergangenheit und eine Zukunft zu einem einzigen Knoten, scheidet Zeit gleichsam aus, oder vielmehr wird zu dem Ort der Natur, an dem Geschehnisse erst, statt nur einander ins Sein zu stoßen, die Gegenwart mit dem doppelten Horizont von Vergangenheit und Zukunft umgeben und selber geschichtliche Orientierung gewinnen.« (PdW, 280)

Die Raumanalysen in der *Phänomenologie der Wahrnehmung* beanspruchen große Teile des Werkes. Merleau-Ponty versucht im Ausgang vom Eigenleib, den Köperraum zu beschreiben, der eine Grenze bildet, »die von den gewöhnlichen Raumbeziehungen unüberschritten bleibt« (PdW, 123). Der Leib als sinnlich-sinnhafte Instanz weiß um die Lage seiner Glieder durch ein sie alle umfassendes Körperschema. (PdW, 123 ff.) Der Körperraum bildet mit dem Außenraum ein System, vor dem der Gegenstand als Gegenstand allererst auftreten kann. »Was den Körperraum betrifft, so gibt es offenbar ein Wissen des Orts, das gleichsam mit ihm nur koexistiert, das aber kein Nichts ist, wiewohl es in keiner Beschreibung, nicht einmal in der stummen Geste des Zeigens sich auslegt.« (PdW, 131) Offensichtlich »weiß« der Körper unmittelbar und unverzüglich etwa um die Stelle eines Bienenstichs, ohne daß eine kognitive Verarbeitung dem voranginge, die den Ort des Bienenstichs in einem intelligiblen Raum lokalisierte. Der intelligible oder objektive Raum ist nur eine mögliche *Explikation* des wirklichen Raums, und der wirkliche Raum ist nichts anderes als der Körperraum. Der Leib ist in diesem Sinne auch nicht zunächst *im* Raum, so wie er auch nicht zunächst *in* der Zeit ist – »mein Leib heftet sich ihnen an und umfängt sie« (PdW, 170) – er ist »zum Raum und zur Zeit« (PdW, 170, 178).

Überblickt man Merleau-Pontys Untersuchungen zum Leib, so sind neben den bestechenden Detailanalysen im wesentlichen die Unterscheidungen der Leibbegriffe und die Einführung des Zur-Welt-seins mit seinen paradoxen Realisierungen von Bedeutung. Die Differenzierung der Leibbegriffe dient zum einen der Abgrenzung gegenüber einseitigen Auffassungen in

Psychologie, Physiologie, aber auch Philosophie, zum anderen zeigt Merleau-Ponty, daß sich in den vielfältigen Verhaltungen der Leib selbst ausdifferenziert, dies gleichwohl nicht deduktiv zu erklären oder reflexiv zu erschließen ist. Dem objektivierten Leib der Wissenschaften begegnet Merleau-Ponty mit dem phänomenalen Leib, der sich ihm im Ausgang vom standig mitanwesenden Eigenleib erschließt und der insbesondere unter dem Blickwinkel der Wahrnehmung und des Verhaltens in statu nascendi beschrieben wird – »Mein Leib ist *da*, wo er etwas zu tun hat.« (PdW, 291) Der sich verhaltende und tätige Leib zeichnet sich durch sein Zur-Welt-sein aus. Er ist zur Welt, indem er an der Welt einen Anhalt findet, sich in ihr verankert. Überdies ist er aber zugleich zur Welt, indem er mittels seiner leiblichen Vermögen der Welt gleichsam voraus ist. Er stiftet bereits Sinn, ohne daß der Sinnstifter bekannt wäre, ohne daß dieser sich identifizieren ließe. Das Zur-Welt-sein oder auch die Existenz sind nicht unabhängig vom Leib, die Existenz ist im Leib inkarniert, derart, daß sie sich im leiblichen Verhalten ausdrückt und dort auch ihre anonymen Spuren als sedimentierte Existenz hinterläßt.

Stellt man diese Überlegungen in den Kontext der Gedankenfolge Merleau-Pontys, so kann man sagen, daß er eine Phänomenologie des Leibes als eine Phänomenologie der unbedachten, anonymen sinnstiftenden Existenz präsentiert, die leiblich vermittelt ist und die ihre Fortsetzung in der bewußten persönlichen Existenz erfährt. Allein diese erklärte die traditionelle Philosophie, ohne aber jene sehen zu können. Merleau-Ponty hingegen spürt der anonymen Existenz nach, um die bewußte Existenz als deren Explikation zu begreifen. »Ich versuche nur«, so sagt er 1946, »die gewissermaßen organische Verbindung zwischen der Wahrnehmung und der verstandesmäßigen Erkenntnis aufzuzeigen.« (PrW, 41)

Seine Argumentations*struktur* läßt eine erstaunliche Parallelität zu Fichtes Gedankengängen erkennen. So wie Fichte aus der Tathandlung des Ich Subjektives und Objektives gleichermaßen ableitet und das Ich zugleich als Subjekt und Objekt erfährt, so zeigt auch Merleau-Ponty, daß aus dem fungierenden, dem handelnden Eigenleib, der als zur-Welt-seiend aufzufassen ist, sich die Bestimmungen von Subjektivem und Objektivem am Leib selbst entfalten, der Leib als Subjekt und Objekt aufzufassen ist. Und wie bei Fichte das Ich letztlich »das unbegreifliche Eine«[71] bleibt, so bleibt auch bei Merleau-Ponty der eine und einheitliche, zugleich aber sinnlich-sinnstiftende Leib in gewissem Sinne ein Unbegreifliches, wenn man ihn mit den traditionellen Kategorien von Subjekt und Objekt bestimmen möchte. Und so spricht auch schon Husserl von dem Leib als einem »merkwürdig unvollkommen konstituierten Ding«; es ist derselbe »Leib, der mir als Mittel aller Wahrnehmung dient«, der mir aber »bei der Wahrnehmung seiner selbst im Wege«[72] steht.

Wiewohl der Vergleich mit Fichtes Philosophie einige Gedankengänge Merleau-Pontys durchaus erhellen kann – Merleau-Ponty unterscheidet sich nicht nur von Fichte dadurch, daß er kein formales Ich als Ausgangspunkt seiner Überlegungen zu erkennen vermag und auch kein System der Philosophie mit all seinen Konsequenzen zu etablieren sucht; er unterscheidet sich noch in einem viel größeren Maße von Fichte, indem er von einer Koexistenz von Leib und Welt ausgeht, die Welt also durchaus ihre eigene Dignität behält.

Der Schlüssel zur Weltlichkeit der Welt liegt u.a. in dem Begriff der Inkarnation, der Manifestation eines Sinns in einem Sinnlichen, verborgen, den auch Cassirer benutzt und der dem Neukantianer wie auch Merleau-Ponty im Sinne einer *konkreten* »Synthese von Leiblichem und Seelischem« als »Vorbild und

Musterbild«[73] der weiteren Untersuchungen dient. Freilich bleibt Cassirer doch zu sehr der Tradition verpflichtet, als daß er zu einer natürlichen Welt vorstoßen oder gar anonyme Sinnstrukturen entdecken könnte. Hierzu bedarf es der phänomenologischen Neuorientierung, die erst Merleau-Ponty durchführt.[74]

Die Welt und der Andere

Merleau-Ponty löst die Welt nicht in Bewußtseinsakte auf, er läßt die Welt nicht durch ein absolutes Ich determiniert sein, noch deduziert er aus einem wie auch immer gedachten Geist die Welt. Der Intellektualismus kann gar nicht erst zur Welt vordringen, und der Empirismus verklärt die Bedeutung, das Phänomen der Weltlichkeit, indem er die Welt als bloße »Summe determinierter Gegenstände« (PdW, 118) begreift. Bereits zu Anfang der *Phänomenologie der Wahrnehmung* findet sich der schlichte, jedoch unmißverständliche Satz: »Die Welt ist da, vor aller Analyse.« (PdW, 6).

Nie vergessen sollte man bei der Lektüre der *Phänomenologie der Wahrnehmung*, daß die Welt aus der Sicht des Zur-Welt-seins behandelt wird. Und so wie der Leib adäquat nur in seinen vielfältigen Verhaltungen beschrieben werden kann unter der Perspektive des Zur-Welt-seins, so kann auch die Welt selbst nur verstanden werden aus der Sicht des Zur-Welt-seins. »Welt« bedeutet hier keineswegs die Ansammlung von Gegenständen, sie ist nicht als »universitas rerum« zu begreifen, sie hat vielmehr in dem intentionalen Geschehen selbst ihren Platz. Merleau-Ponty reserviert den Terminus »Zur-Welt-sein« keineswegs bloß zur Beschreibung des Leibes, die Welt zeigt sich in der phänomenologischen Perspektive ebenso vielfältig und neuartig wie der

Leib. Auch hier ist gleichsam eine vorwissenschaftliche Naivität wiederzugewinnen, in der wir noch nichts »von objektiver Welt und objektivem Raum« wissen, sondern »das Phänomen der Welt zu beschreiben« suchen, »sein Für-uns-geboren-werden in jenem Feld, in das eine jede Wahrnehmung uns zurückversetzt, [...] wo noch kein Wissen und besonders keine Wissenschaft die individuelle Perspektive nivelliert und ihrer Reduktion unterworfen haben. In dieser Perspektive und durch sie hindurch müssen wir allererst einen Zugang zur Welt finden. Sie also gilt es zuerst zu beschreiben.« (PdW, 298)

Merleau-Ponty bemüht sich eindringlich, einen Blick für die Welt zu gewinnen, der die Welt in ihrer »Weltlichkeit« (PdW, 14) fassen kann. Vehement fordert er, »eine Erfahrung der Welt zu neuem Leben« zu erwecken, die die Erscheinung der Welt auszulegen hat, »insofern wir zur Welt sind durch unseren Leib und mit ihm sie wahrnehmen« (PdW, 243).

Anhand der Leibanalysen erkannte Merleau-Ponty bereits, daß der Leib nicht nur das Mittel ist, in einer Welt verankert zu sein, sondern auch als dasjenige Medium anzusehen ist, Welt zu verstehen: »Ding und Welt sind mir gegeben mit den Teilen meines Leibes, nicht dank einer ›natürlichen Geometrie‹, sondern in lebendiger Verknüpfung, vergleichbar oder vielmehr identisch mit der, die zwischen den Teilen meines Leibes selbst herrscht.« (PdW, 241) So verkörpert sich der Sinn eines Dinges in dem Ding, wie auch die Existenz sich im Leib verkörpert: Das Ding verwirklicht »das Wunder des Ausdrucks«. »Der Sinn eines Dinges wohnt ihm inne, so wie die Seele dem Leib innewohnt: sein Sinn liegt nicht hinter den Erscheinungen; der Sinn des Aschbechers [...] ist nicht irgendeine seine sensorischen Aspekte koordinierende und allein dem Verstande zugängliche Idee des Aschbechers, er beseelt den Aschbecher selbst und verkörpert sich in ihm mit Evidenz.« (PdW, 370) Dieser Betrachtungsweise gemäß ist die Welt kein Abstraktum als Weltding, das auf mysteriöse Weise konstruiert wurde oder wird, noch ist die Welt derart abständig, derart weit vom Leib entfernt, daß sie nicht erkannt werden könnte. Sie ist vielmehr »*Heimat* all unseres Denkens« (PdW, 44), da sie nie sinnlos sein kann, sondern sich in ihr Sinn immer schon inkarniert hat. Als »phänomenale Welt« (PdW, 30), in der sich die Dinge als inkarnierte, sinnbeladene Gegenstände präsentieren, ist sie eine Welt, die keine Zweifel stiftet, die der Ursprung von Gewißheit ist.

Die Gestalttheorie lehrt Merleau-Ponty zugleich, »daß das System Eigenleib-Welt gleichsam von Kraftlinien eines Spannungsfeldes durchzogen ist, die es auf magische und verschwiegene Weise beleben« (PdW, 72). Zudem bricht auch hier das Phänomen der Vorgängigkeit der Welt auf. Der wahrnehmende Leib als zur-Welt-seiend richtet sich auf seine Welt und muß zugleich erkennen, daß sie dem Wahrnehmen selbst vorgängig ist. Die Welt ist also nicht mit der Wahrnehmung fertig, die Welt ist vielmehr ein stetiges Welt-werden, sie ist der latente Horizont[75] all unserer Erfahrungen. (PdW, 118) »Wir haben Erfahrung von einer Welt nicht im Sinne eines Systems von Beziehungen, die jedes Vorkommnis in ihr vollständig determinieren, sondern im Sinn einer offenen Totalität, deren Synthese unvollendbar bleibt.« (PdW, 257)

Der Mensch zeichnet sich so auch dadurch aus, daß er offen ist für die Welt (PdW, 144), daß er nicht eingeschlossen ist in ein Milieu, daß er nicht steckenbleibt in seiner unmittelbaren Umwelt. Menschliches Leben umgreift »eine Unendlichkeit möglicher Umwelten, und es versteht sich selbst, weil es einer natürlichen Welt zugeworfen ist« (PdW, 378). Diese und vergleichbare Bemerkungen erinnern an Schelers Bestimmung des Menschen in der 1928 erschienenen Schrift *Die Stellung des Menschen im Kosmos*. Scheler charakterisiert den Menschen durch seine »Weltoffenheit«, eine »*Fern*stellung«[76], die die leiblich vermittelte und bestimmte Beziehung zur Umwelt überwindet und den Menschen offen für alle möglichen Welten sein läßt. Doch die Schelersche Charakterisierung des Menschen ist nicht diejenige Merleau-Pontys. Scheler nämlich bemüht den Geist als die einzigartige Instanz, die den Menschen als weltoffenes Wesen bestimmt: »Menschwerdung ist Erhebung zur Weltoffenheit kraft des Geistes.«[77] Anders Merleau-Ponty: Nicht der Geist bewirkt die Weltoffenheit des Menschen, der Wahrnehmung selbst eignet der Charakter der Weltoffenheit – der Mensch ist weltoffen kraft der Wahrnehmung: »Wahrnehmen, das heißt: mit einem Schlage eine ganze Zukunft von Erfahrungen in einer Gegenwart engagieren, welche uns jener nie bindend versichert, es heißt: glauben an eine Welt. Diese Offenheit zur Welt ist es, die [...] die Verwirklichung der *Wahr-Nehmung* erst möglich macht [...].« (PdW, 345)

Das Zur-Welt-sein Merleau-Pontys besagt nicht nur, daß der Leib in seiner Welt verankert ist. Es ist der Existenz wesentlich, die Umwelt übersteigen zu können, mit möglichen Welten zu rechnen, die die unmittelbare Umwelt transzendieren. Es gehört zum Wesensmerkmal der Existenz, daß sie eine faktische Situation sich zueignet und modifiziert, daß sie als Überstieg, als Transzendenz, zu beschreiben ist (PdW, 202), die zwischen wirklicher und möglicher Welt sich einzurichten weiß.

Und auch die Einheit der Umwelten zu einer einheitlichen Welt wird nicht durch einen Geist gestiftet, sie wird als Einheit eines »Stils« *erfahren*: »Die Welt hat ihre Einheit, ohne daß der Geist dazu gelangte, all ihre Facetten miteinander zu verknüpfen und in der Konzeption eines Geometrals zu vereinigen. Vergleichbar ist die Einheit der Welt vielmehr der eines Individuums, das ich in unabweislicher Evidenz wiedererkenne, ehe es mir gelingt, die Formel seines Charakters aufzustellen, da es in all seinen Äußerungen und all seinem Verhalten ein und denselben Stil bewahrt, selbst wenn es sein Milieu oder seine Ideen ändert.« (PdW, 378)

Die Beziehung zwischen Mensch und Welt ist in ihrer Ambiguität als offener Dialog zu beschreiben: Der Mensch spricht zur Welt, die Welt spricht aber auch zum Menschen. Der sinnlich-sinnstiftende Mensch befragt gleichsam die sinnlich-sinnhafte Welt, und die Welt antwortet, doch die Frage antizipiert schon in einem gewissen Sinne die Antwort. (PdW 160 f.) »Ein Ding ist also in der Wahrnehmung nicht wirklich *gegeben*, sondern von uns innerlich übernommen, rekonstituiert und erlebt, insofern es einer Welt zugehört, deren Grundstrukturen wir in uns selbst tragen und von der es eine der möglichen Konkretionen darstellt.« (PdW, 377) Wir erleben, erfahren und verstehen die Welt als eine Welt, in der wir verankert sind, die uns gleichzeitig aber übersteigt und transzendiert, und dies, indem wir uns auf unsere Welt richten und indem wir sie auch bereits zu verstehen vermeinen.

Merleau-Pontys Argumentation zeigt auch hier wieder ihre zweideutige Struktur. Aus der Analyse des Leibes ergibt sich, daß die äußere Wahrnehmung dem Leib in gewisser Weise synonym ist, daß der Leib *seine* Welt hat. (PdW, 170) Gleichzeitig konstruiert der Leib nicht die Welt, die Welt ist immer schon vorgängig, es kann sich nur um eine Rekonstitution von bereits Konstituiertem handeln, wobei aber zugleich die eine und einheitliche Welt intakt bleibt. Die Welt behält ihre Distanz, und zugleich ist die Welt nur eine Welt kraft der Wahrnehmung und mittels des Leibes.

Das Empfinden muß aus diesen Gründen neu beschrieben werden. Ungeachtet der scharfen Kritik am Empfindungsbegriff der Physiologie und Psychologie gleich zu Beginn der *Phänomenologie der Wahrnehmung* (PdW, 21 ff.) bleibt das Phänomen des Empfindens »das intentionale Geflecht, das zu entflechten

Sache aller Erkenntnis« (PdW, 76) ist. Die Empfindung aber kann nicht mehr gedeutet werden als bestimmt durch Außenreize, die vom Leib als Mechanismus verarbeitet werden, oder als das X des Bewußtseins, das diesem erst einen Sinn zukommen läßt. Das Empfinden ist für Merleau-Ponty eine »lebendige Kommunikation« (PdW, 76), eine »Kommunion« (PdW, 249), ein Sympathisieren und Synchronisieren des sinnhaft Empfindenden mit dem sinnlich Empfundenen (PdW, 251). Merleau-Ponty bemüht einige Bilder, um dies zu erläutern. »Das Verhältnis von Empfindendem und sinnlich Empfundenem ist vergleichbar dem des Schläfers zum Schlaf: der Schlaf kommt, indem eine bestimmte willentlich angenommene Haltung plötzlich von außen eine Bestätigung erfährt, die sie erwartete. *Ich* atme langsam und tief, um den Schlaf herbeizurufen, und plötzlich ist es, als kommuniziere mein Mund mit einer riesigen äußeren Lunge, die meinen Atem anzieht und zurückdrängt, der soeben noch von mir gewollte Rhythmus meines Atmens und mein Sein selbst, der Schlaf, zuvor als Bedeutung vermeint, verwandelt sich jäh in Situation.« (PdW, 249)

Merleau-Pontys Philosophie als eine Philosophie der Ambiguität bricht auch beim Weltproblem auf, da der Phänomenologe bemüht ist, die Welt gleichsam intakt sein zu lassen und dennoch einen Bezug zu einer als bedeutsam erfaßten Welt herzustellen. Wie anders läßt sich die These, daß das Sinnliche mir nur geben kann, was ich ihm leihe, ich aber dieses doch wiederum nur von ihm selbst habe, belegen als durch Gleichnisse und Bilder? Merleau-Ponty erweist sich nicht nur hier als brillanter Schriftsteller und Sprachschöpfer. Freilich, wer ihn nicht verstehen möchte, der kann ihn auch nicht verstehen, denn nicht nur hier gilt, was er gleich zu Anfang der *Phänomenologie der Wahrnehmung* ausführt: »So ist überhaupt ein Denken, das sich selbst ignoriert und sich in den Dingen einrichtet, niemals durch Phänomenbeschreibungen zu widerlegen.« (PdW, 43) Die Bilder Merleau-Pontys erschließen sich nur aus der phänomenologischen Perspektive des Zur-Welt-seins, sie erklären nicht, sie zeigen die verborgenen Phänomene in ihrer zweideutigen Struktur an und umschreiben sie – so auch im Falle der Wahrnehmung einer Farbe: »Die Empfindung von Blau ist nicht Erkenntnis oder Setzung eines durch alle Erfahrungen seiner hindurch identifizierbaren *quale*, so wie der Kreis des Geometers derselbe in Paris wie in Tokio ist. Sie ist gewiß intentional, d.h. sie ruht nicht in sich wie ein Ding, sie vermeint und bedeutet etwas über sich selbst hinaus. Doch das in ihr Vermeinte ist nur blindlings erkannt durch die Vertrautheit meines Leibes mit ihm, es ist nicht in voller Klarheit konstituiert, es ist nur rekonstituiert oder übernommen von einem latent bleibenden Wissen, das seine Undurchdringlichkeit und Diesheit nicht beseitigt.« (PdW, 251)

Die Merleau-Pontysche Auslegung der Weltlichkeit der Welt, die Auszeichnung des Menschen durch seine Offenheit für die Welt und insbesondere die Interpretation der Empfindung als Kommunion zeugen von einem Stil der Phänomenologie, wie er für die zweite Generation der Phänomenologen typisch ist. Es geht um die Rettung der Welt vor einer sich selbst falsch verstehenden Phänomenologie, wie sie Husserl vorgeworfen wird, der zwar mittels seiner phänomenologischen Reduktion den Blick für die Welt öffnen möchte, sie aber dennoch immer zu verlieren droht.[78] Mit Heidegger kämpft Merleau-Ponty um die Weltlichkeit der Welt[79], um die Dignität der Welt, die nicht zu einem Bewußtseinskorrelat verkommen darf, sondern als Heimat des Handelns, Wahrnehmens und Denkens wiederzuentdecken ist. Doch diese Heimat gleicht keinem Paradies, in das man sich flüchten könnte, sie ist überhaupt nichts Statisches, sondern zeigt sich selbst nur im Vollzug des Zur-Welt-seins.

Obgleich Merleau-Ponty seine Beschreibungen vom Eigenleib aus in Angriff nimmt, vergißt er keineswegs die Intersubjektivität und die Sozialität. Gerade über die Auslegung der Weltlichkeit der Welt und die Beschreibung der Dinge der Welt als inkarnierte Gegenstände für den Leib, das Verhalten und die Wahrnehmung zeigt sich auch, daß die Welt »nicht nur *meine* Welt« (PdW, 390) ist. In der Welt »sehe ich das Verhalten des Anderen sich abzeichnen, das auf eben diese Welt abzielt, sie ist das Korrelat nicht nur meines Bewußtseins, sondern eines jeden Bewußtseins, *das mir zu begegnen vermag*« (PdW, 390). So wie die kulturellen Gegenstände mit einer »menschlichen Atmosphäre« umgeben sind, in denen sich die menschlichen Akte »äußerlich sedimentieren« (PdW, 399), so erfahre ich in einem ersten Zugang den Anderen »unter dem Schleier der Anonymität«: »*Man* bedient sich der Pfeife zum Rauchen, des Löffels zum Essen, der Klingel zum Rufen.« (PdW, 399) Der »erste aller Kulturgegenstände« aber ist der Leib eines Anderen, nämlich insofern er ein sich verhaltender Leib ist. (PdW, 400) Merleau-Ponty zerlegt aber nicht das Phänomen des Anderen in einen objektiven Leib, der auf eine bestimmte Art und Weise beseelt wäre. Dies wäre ein »absurder Versuch« (PdW, 402), und er würde wiederum nur das Phänomen des Anderen verklären. Auch ein »Analogieschluß«, der von meiner Existenz auf andere Existenzen schließen läßt, liegt nicht in seinem Interesse. (PdW, 403) Es ist demgegenüber zu verstehen, was Merleau-Ponty bereits in seinen Leibanalysen zu zeigen versuchte, wie ich nämlich in der Reflexion über meine Wahrnehmung ein habituelles Vermögen entdecke, dessen Tun ich nur nachvollziehen kann, das ich jedoch nie einzuholen vermag. Dadurch, daß ich mir selbst nie völlig »transparent« (PdW, 404) bin und dadurch, daß die Welt kein geschlossenes System, sondern eine offene Totalität ist, in der sich unterschiedliche Perspektiven kreuzen können, wird die Evidenz des Anderen *möglich*:

»Meinen Leib erfahre ich als Vermögen gewisser Verhaltensweisen und einer gewissen Welt, ich bin mir selbst nicht anders gegeben denn als ein gewisser Anhalt an der Welt; und eben mein Leib ist es, der den Leib des Anderen wahrnimmt, und er findet in ihm so etwas wie eine wunderbare Fortsetzung seiner eigenen Intentionen, eine vertraute Weise des Umgangs mit der Welt; und wie die Teile meines Leibes ein zusammenhängendes System bilden, bilden somit auch der fremde Leib und der meinige ein einziges Ganzes, zwei Seiten eines einzigen Phänomens, und die anonyme Existenz, deren Spur mein Leib in jedem Augenblicke ist, bewohnt nunmehr die beiden Leiber in eins.« (PdW, 405)

Die Existenz bekundet fremdes Leben, das insbesondere durch das »Kulturobjekt« der Sprache (PdW, 406) ihre Vertiefung und ihre Ausführung zur Intersubjektivität erfährt. In der Kommunikation mit dem Anderen bildet sich ein gemeinsamer Boden, der zu einem »Sein zu zweien« (PdW, 406) führt, so daß ich die Gedanken des Anderen in statu nascendi zu fassen in der Lage bin und ihm auch zugleich voraus bin: »Einwände meines Gesprächspartners entreißen mir sogar Gedanken, von denen ich nicht wußte, daß ich sie hatte, so daß also der Andere ebensosehr mir zu denken gibt, wie ich ihm Gedanken zuschreibe. Erst hinterher, wenn ich mich aus dem Dialog zurückzog und mich seiner wiedererinnere, verleibe ich ihn meinem eigenen Leben ein, mache aus ihm eine Episode meiner privaten Geschichte; und der Andere kehrt in seine Abwesenheit zurück oder aber, insofern er mir gegenwärtig bleibt, wird als Bedrohung für mich empfunden.« (PdW, 406)

Verdeckt distanziert sich Merleau-Ponty wieder von Sartres Analysen[80], indem er zeigt, daß, wenn überhaupt der Blick des Anderen mich zum Gegenstand macht oder auch ich den Anderen zum Gegenstand depotenziere, dies nur außerhalb einer gemeinsamen kommunikativen Situation geschehen kann. Jedoch ist eine absolute Isolation nicht möglich, weil auch das Schweigen, das Sichverweigern und das Verstummen immer noch teilhaben an einem kommunikativen Geschehen.

Merleau-Ponty beschreibt die Möglichkeit der Intersubjektivität, indem er von der Wirklichkeit zwischenleiblichen Verhaltens und der faktischen Kommunikation ausgeht. Er offeriert nicht etwa eine Aufhebung des alten Problems der Fremdwahrnehmung, die, radikal gefaßt, zu einer Invasion des Anderen im Eigenen resp. zu einer unüberbrückbaren Differenz führen könnte. Die Probleme der Intersubjektivität und der Fremdwahrnehmung lassen sich nicht sämtlich weginterpretieren. (PdW, 407) Wäre dies der Fall, so könnte es gar keinen Anderen mehr geben. Merleau-Ponty rettet gleichsam den Anderen, indem er zeigt, wie der Andere als Anderer in einer gemeinsamen Situation zugänglich wird und zugleich abwesend bleibt. So wie der Leib in der Welt verankert ist, sich aber die Welt nie im Leib vollständig auflösen kann, so begegnet mir der Andere auf Entfernung, und es bildet sich im Dialog eine gemeinsame anonyme Welt, die den Dialog trägt und führt, jedoch wird der Andere nicht vollständig integriert – er bleibt der Andere: »Es gibt hier einen erlebten Solipsismus, der unüberwindlich bleibt« (PdW, 409). Und es ist zu verstehen, daß, obwohl sich im Dialog eine gemeinsame Welt bilden kann und obgleich sich die Intentionen in einer Welt kreuzen, jeder in seiner Welt eine Verankerung findet und derart die »Komödie eines Solipsismus zu vielen« (PdW, 411) aufgeführt wird. In dieser zweideutigen Struktur sind »Einsamkeit und Kommunikation [...] nicht die Gegensätze einer Alternative, sondern nur zwei Momente eines einzigen Phänomens« (PdW, 411). Dieses Phänomen nun ist nichts anderes als das der Existenz, das auch das Verstummen als eine Art der Kommunikation begreifen läßt und das Paradox eines Solipsismus zu mehreren ermöglicht, denn noch »die verweigerte Kommunikation ist eine Weise der Kommunikation« (PdW, 413).

Die Sprache und das Sprechen

Die Sprache und ihre Analyse stellen sicherlich ein Kernthema der Philosophie des 20. Jahrhunderts dar. Die Sprache ist nicht nur das eigentliche und einzige Werkzeug der Philosophie – und sie bedarf schon allein aus diesem Grund einer eigenen Reflexion –, darüber hinaus bezieht sich der Sprechende nicht nur im Dialog auf sein Gegenüber, der Sprechende stiftet überdies durch seine Sprache einen Bezug zur Welt. Der Sprechende ist zur Welt, indem er spricht, und die Sprechenden teilen eine Welt, indem sie kommunizieren.

Die Beschreibung oder die Analyse der Sprache hinsichtlich ihrer Funktion der Referenz, des Bezugs oder der Weltstiftung ist freilich nicht einfach, setzt sie doch ein Verständnis dessen voraus, was man eigentlich beschreiben oder analysieren möchte: Ist der Ausgangspunkt die geschriebene Sprache, die logisch formalisierte Sprache, die Umgangssprache oder die poetische Sprache; bezieht sich der Sprechende auf vermeinte ideale Bedeutungen, an sich seiende Sachverhalte oder Bewußtseinszustände? Mit diesen und weiteren Problemen beschäftigt sich nicht nur die analytische Philosophie im angelsächsischen Sprachraum, sondern auch die Phänomenologie, die Vertreter neukantischer Positionen, die Sprachpsychologie und die Linguistik. Zu erinnern ist nicht nur an den Vorläufer der analytischen Philosophie, Gottlob Frege, an den Logiker Bertrand Russell, an die logischen Empiristen oder an die sogenannte »ordinary language philosophy«, die man zumeist mit dem Wittgenstein der *Philosophischen Untersuchungen* sowie mit Austin und Ryle identifiziert; zu erinnern ist ebenso an die Sprachuntersuchungen Husserls in den *Logischen Untersuchungen*, an die Bemühungen Cassirers in der *Philosophie der symbolischen Formen*, an die *Sprachtheorie* Bühlers; und vergessen sollte man keineswegs die Untersuchungen, die Heidegger in *Unterwegs zur Sprache* vorlegt.[81]

Merleau-Pontys Philosophie weist einen besonderen Bezug zur Sprachproblematik im engeren und zur Sprachphilosophie im allgemeinen auf. Zum einen nämlich lassen sich wichtige allgemeine philosophische Einsichten Merleau-Pontys anhand seiner Sprachuntersuchungen besser verstehen, und zum anderen zeigt seine philosophische Terminologie die Tendenz, sprachphilosophische Kategorien, wie etwa diejenige des Sinns oder des Ausdrucks, zu universalisieren und auf andere Bereiche auszudehnen. Insofern bildet die Sprache einen immer wiederkehrenden Stütz- und Angelpunkt seiner Philosophie.

Ungeachtet der Tatsache, daß eine explizite Sprachphilosophie in der *Struktur des Verhaltens* noch nicht zu finden ist, ist doch bereits in diesem Werk eine implizite Sprachauffassung verborgen, die in den einzelnen Untersuchungen zum Tragen kommt. Allerdings erhält die Sprache in den frühen Untersuchungen noch keine eigenständige und hervorgehobene Auszeichnung als selbständiges Thema. Merleau-Ponty diskutiert die Sprache als Sprachverhalten im Zusammenhang von Wahrnehmungs- und Handlungsstrukturen bei physiologischen und psychologischen Pathologien; und insofern er das Sprach*verhalten* zum Thema hat, steht er z.B. den *Philosophischen Untersuchungen* Wittgensteins näher als den Analysen Freges in seinem Aufsatz *Über Sinn und Bedeutung*.

Doch zu keinem Zeitpunkt seines Schaffens war Merleau-Ponty ein Vertreter des »linguistic turn«. Er begnügt sich nicht mit einer Analyse der Sprache, um die Strukturen des Denkens zu begreifen, er versucht vielmehr, die Sprache als Ausbruch des Sprechens aus dem Schweigen zu erfahren, um so dem Phänomen der Sprache als einem Modus der Existenz gerecht zu werden.

In der *Phänomenologie der Wahrnehmung* widmet Merleau-Ponty dann nicht nur der Sprache und dem Sprechen ein ganzes Kapitel, die Sprache und das Sprechen erfüllen dort darüber hinaus, z.B. im Fall der Intersubjektivität, wesentliche Funktionen für das Verhalten und die Weltkonstitution. Seine im engeren Sinne sprachphilosophischen Bemühungen konzentrieren sich auf die adäquate Beschreibung des sprachlichen Zeichens, den phänomenologisch ursprünglichen Zugang zum Sprechen und die Auslegung des Bezugs zwischen Sprechen und Denken.

Das sinnliche Wortbild kann ebenso wie die Gegenstände des wahrnehmenden Umgangs nicht von seinem Sinn geschieden werden. »In der wirklichen, vor aller Sprache in ihrer Ursprünglichkeit erfaßten Wahrnehmung sind sinnliches Zeichen und dessen Bedeutung auch *idealiter* nicht zu trennen.« (PdW, 61) Das sinnliche Zeichen kann nur dadurch sinnliches Zeichen sein, daß es immer schon einen Sinn inkarniert, und die ursprüngliche Wahrnehmung wird dem auch gerecht, da sie nichts anderes wahrnehmen kann als bedeutsame Zeichen oder Dinge. Darum kann eine ursprüngliche sprachphilosophische Beschreibung, die von Merleau-Ponty vor der analytischen Zergliederung des bereits Gesprochenen angestrebt wird, selbst idealiter das Zeichen nicht von seiner Bedeutung scheiden. Das Zeichen zeigt nicht etwa seine Bedeutung an, auch referiert es nicht auf eine jenseitige Sphäre idealer Bedeutungen, vielmehr durchdringen Zeichen und Bedeutung einander, die Zeichen sind »in gewisser Weise das selbst, was sie bedeuten« (PdW, 193). So ergibt sich auch eine Antwort auf die Frage, inwiefern ein Wort Bedeutung *hat*, also inwiefern es überhaupt bedeutsam ist. (PdW, 210) Eine Theorie, die auf der These beruht, daß das sinnliche Wortbild eine bestimmte Handlung, ob psychisch oder physiologisch, verursacht, kann das eigentümliche Phänomen der Bedeutsamkeit des Zeichens genausowenig fassen wie eine Theorie, die das Wort durch Bewußtseinsakte konstruiert. Beide Interpretationen »bleiben hinter der einfachen Feststellung zurück, *daß das Wort einen Sinn hat*«: »Die erste Auffassung steht diesseits der Bedeutsamkeit des Wortes, die zweite jenseits; in der ersten Auffassung gibt es niemanden, der spräche, in der zweiten gibt es wohl ein Subjekt, aber nicht das sprechende, sondern ein denkendes.« (PdW, 210)

Merleau-Ponty wendet sich wie schon zuvor in seinen Leibanalysen gegen eine vorzeitige und übereilte Objektivierung. Und er versucht, die Sprache aus den Fängen von Theorien zu befreien, die die Bedeutung der Sprache gar nicht erst untersuchen, geschweige denn begriffen haben. Er kritisiert Theorien, die die Sprache voreilig für einen bestimmten Zweck instrumentalisieren, ohne aber Ausgangspunkt und Ziel bedacht zu haben.

Wiederum handelt er von dem Phänomen der Sprache als einem Phänomen in statu nascendi. Nicht die Sprache ist das Thema, sondern das »ursprüngliche Sprechen«, der ursprüngliche Umgang mit der Sprache als einem sprechenden Verhalten. (PdW, 212) In dieser Perspektive kann er kein Motiv entdecken, das sinnliche Zeichen von seiner Bedeutung zu scheiden und es auf einen Gegenstand zu beziehen, wie dies etwa Frege vorschlägt.[82] Merleau-Pontys Interesse ist grundverschieden von demjenigen Freges. Frege geht es um eine logische Analyse der Sprache, die es gestattet, umgangssprachliche und ausgesprochene Aussagen zu formalisieren und ihren Wahrheitswert zu bestimmen. Merleau-Ponty aber thematisiert den Ursprung und die Möglichkeit einer solchen logischen Analyse. Nicht die Bestimmung der Wahrheit einer Aussage leitet das Unternehmen Merleau-Pontys, sondern die Auslegung des Phänomens der Bedeutsamkeit liegt im Fokus des Phänomenologen. Wahrheit ist für Merleau-Ponty ein »präsumtiver Grenzbegriff« (PdW, 225) der Sprache, die ihre kontingente Sprachlichkeit im Sprechen vergessen hat. Wie auch bereits Cassirer verfolgt Merleau-Ponty das Ziel, »das Erkenntnisproblem und das Wahrheitsproblem als Sonderfälle des allgemeinen *Bedeutungsproblems*«[83] zu begreifen.

Frege trennt den Sinn des Ausdrucks von dem sinnlichen Zeichen, und er unterscheidet zwischen dem Sinn und dem Gegenstand, auf den sich der Ausdruck mittels des Sinns bezieht. Merleau-Ponty handelt über die Möglichkeit einer solchen Differenzierung, indem er von der Wirklichkeit des Sprechens seinen Ausgang nimmt, d.h. von der Bedeutsamkeit der sprachlichen Zeichen, die sich ihm von der Sprache in statu nascendi her erschließt und die z.B. die Fregesche Unterscheidung fundiert. Diesseits »des Lärms der Worte« sucht Merleau-Ponty das »ursprüngliche Schweigen« (PdW, 218), aus dem die Sprache einen Ausweg findet, das sich aber nicht anders als sprechend anzeigen läßt und ausgesprochen wieder verdeckt wird:

»Die *Sprachen*, als bereits konstituierte syntaktische und Vokabular-Systeme und als empirisch vorhandene ›Ausdrucksmittel‹, sind Niederschlag und Sedimentation des *Sprechens*, in dem der noch unformulierte Sinn nicht nur ein Mittel äußerer Bekundung findet, sondern überhaupt erst ein Dasein für sich selbst gewinnt, als Sinn erst eigentlich geschaffen wird. Oder man könnte zwischen *sprechender Sprache* und *gesprochener Sprache* unterscheiden. In der sprechenden Sprache begegnet uns die Bedeutungsintention *in statu nascendi*. In ihr polarisiert die Existenz sich in einem gewissen ›Sinn‹, der sich durch keinen natürlichen Gegenstand definieren läßt; vielmehr jenseits des Seins sucht die Existenz aufs neue zu sich selbst zu kommen; und sie schafft sich das Wort als empirische Stütze ihres eigenen Nichtseins.« (PdW, 232)

Merleau-Ponty mißachtet nicht die (bereits aus-)gesprochene Sprache, die das alltägliche Leben beherrscht und die in jeder Kommunikation mit vorausgesetzt werden muß. Er analysiert sie jedoch nicht, sondern zeigt, daß sie nur ein Teil des Phänomens der Sprache umfaßt. Im Sprechen wird die bereits gesprochene Sprache aufgegriffen, in einen neuen Kontext gestellt; ihr Sinn wird moduliert und für eine Zukunft neu bestimmt.

Darüber hinaus zeigt sich, daß die philosophische oder psychologische Trennung zwischen dem Gedanken und dem Sprechen, das den Gedanken zum Ausdruck bringt, eine falsche ist, wenn man sie als eine Art Übersetzung des Denkens in die Sprache begreift. Sowenig der Leib von der Existenz, seinem Zur-Welt-sein, geschieden werden kann, der Leib vielmehr geronnene Existenz und die Existenz fortwährende Verleiblichung ist, sowenig läßt sich die Sprache vom Denken scheiden. Die Sprache als sprechendes Verhalten und als Modus des Zur-Welt-seins lassen die strikte Trennung zwischen Denken und Sprechen in einem neuen Licht erscheinen. Das Sprechen kann nicht anders denn als Ausdruck des Zur-Welt-seins betrachtet werden, indem sich der Gedanke unmittelbar im ausdrückenden Sprechen inkarniert, so wie auch das sprachliche Zeichen eine äußerliche Sedimentation des Zur-Welt-seins ist: »Gedanke und Ausdruck konstituieren sich somit in eins und zumal« (PdW, 217). Der Sprechende übersetzt nicht etwa das zuvor Gedachte in eine Sprache, sondern das Sprechen »vollbringt« (PdW, 211) den Gedanken, es gibt »ein *Denken in der Sprache*« (PdW, 213).

Es drängt sich geradezu die Analogie zur leiblichen Geste auf, die Merleau-Ponty als Leitfaden seiner Sprachbeschreibungen betrachtet. Die Sprache ist Geste, da sie wie die leibliche Geste die Existenz ausdrückt: »Ich greife zu einem Wort, wie meine Hand an eine plötzlich schmerzende Stelle meines Körpers fährt« (PdW, 214), und nicht indem ich ein innerliches Sprachlexikon konsultiere, das mir den richtigen Ausdruck anbietet. Diese widersinnige Interpretation wurde nicht zuletzt von Wittgenstein heftig attackiert, der darauf aufmerksam macht, daß das Nachschlagen einer Tabelle in der Vorstellung sowenig ein Nachschlagen einer Tabelle ist, »wie die Vorstellung des Ergebnisses eines vorgestellten Experiments das Ergebnis eines Experiments ist«[84].

Um die fundamentale Bedeutungsdimension der Sprache zu benennen, die sich im sprechenden Umgang allererst zeigt, differenziert Merleau-Ponty zwischen der »begrifflichen Sprachbedeutung«, die ein Subsumieren von Dingen oder Gegenständen mittels ihrer Eigenschaften unter Begriffe gestattet, und der »existentiellen Bedeutung« als der »ersten Bedeutungsschicht« (PdW, 216). Die sprechende Sprache ist demnach nicht eine Übersetzung des Gedankens, die Sprache in statu nascendi drückt etwas viel Allgemeineres und auch Fundamentaleres aus. »Was sie darstellt oder vielmehr *ist*, ist nichts anderes als die Stellungnahme des Subjekts in der Welt seiner Bedeutungen. Und das Wort ›Welt‹ ist hier keineswegs ein nur redensartlicher Ausdruck: es will sagen, daß das ›geistige‹, das kulturelle Leben seine Strukturen dem natürlichen Leben entlehnt, daß das denkende Subjekt sich gründen muß im inkarnierten Subjekt.« (PdW, 229) In der sprechenden Sprache wie im leiblichen Verhalten artikuliert sich die Existenz, das Zur-Welt-sein selbst. Die sprechende Sprache übernimmt die vorgängigen leibhaften Sinnstrukturen und führt diese fort, wie sie sich auch eines Fundus bereits konstituierter, ausgesprochener Sprache bedienen kann, den sie immer wieder neu bereichert und dessen Inhalte sie neu bestimmt. Aus diesem Grund kann eine vollständige, eine nicht nur die begriffliche Bedeutung betreffende, sondern auch die existentielle Bedeutung umfassende Übersetzung nicht möglich sein. Wie, so fragt Merleau-Ponty, soll eine Übersetzung die individuell leiblich wie auch allgemein kulturell *erlebte* Sinntradition beinhalten können? »Auch wenn wir mehrere Sprachen sprechen, bleibt immer nur eine die, in der wir leben. Um eine Sprache sich vollständig anzueignen, müßte man die Welt übernehmen, die in ihr Ausdruck findet; doch nie vermögen wir zweierlei Welten zugleich anzugehören.« (PdW, 222)

Die sprechende Sprache ist nun nicht bloßes und leerlaufendes Sprechen; als Modus der Existenz ist sie stete Übernahme leiblich und auch sprachlich sedimentierten Wissens, das seinen Ursprung im natürlichen Leben hat, diesem nachfolgt, es aufgreift und sowohl Leben wie Sprache neu bestimmt. Auch die Ambiguität der Sprache wird so deutlich: »So ist die Sprache denn die paradoxe Leistung, in der wir mit Worten, deren Sinn gegeben ist, und mit verfügbaren Bedeutungen eine Intention erfüllen, die grundsätzlich den Sinn der Worte, in die sie sich überträgt, überschreitet und modifiziert und selbst erst letztlich fixiert.« (PdW, 443) Sprechen heißt für Merleau-Ponty die Aufnahme und Modifikation einer (Sprach- und Sinn-)Tradition, die eine Vergangenheit übernimmt, sie in die Gegenwart einführt und mit einer Zukunft verschmilzt. (PdW, 447)

Bereits das Sprechen und Ausdrücken verweist auf die Zeit als eine herausragende Kategorie philosophischer Untersuchung. Im Ausdrücken werden nicht nur Synthesen der Zeitmomente passiv vollzogen, und in diesem Sinne wird Zeit vollbracht, das Ausdrücken bleibt zugleich als stetiger Erwerb an die Zeit als Subjekt gebunden. Dies wird Merleau-Ponty u.a. im letzten Teil der *Phänomenologie der Wahrnehmung* näher erläutern.

Schweigendes Bewußtsein, Zeitlichkeit und Freiheit

In seinen Untersuchungen zum leiblichen Verhalten, zur Weltkonstitution, zur Intersubjektivität und zur sprechenden Sprache hat Merleau-Ponty das Bewußtsein »mit seinem eigenen präreflexiven lebendigen Beisein bei den Dingen« konfrontiert, er suchte die »vergessene Geschichte« (PdW, 53) des Bewußtseins aufzudecken. Bevor das Bewußtsein zum Thema der Philosophie werden kann, bevor ein philosophisches Subjekt in die Untersuchung eingeführt und etabliert werden kann, vergewissert sich Merleau-Ponty des Hintergrundes, vor dem ein Bewußtsein oder ein Subjekt zur Erscheinung kommt.

Es wurde deutlich, daß der Leib nicht das Werkzeug des Bewußtseins ist, Handlungen auszuführen. Die persönlich bewußte Existenz folgt dem in der Welt verankerten Leib als natürlichem Ich, das immer schon Sinnstrukturen entwirft und übernimmt. Nicht anders verhält es sich mit der Sprache und der Welt. Das Bewußtsein ist nicht der allmächtige Herr über Sinn und Nicht-Sinn. Sinn gibt es schon, bevor das Bewußtsein eingreifen kann, und Nicht-Sinn kann es gar nicht erst geben (PdW, 452): »Zur Welt seiend, sind wir *verurteilt zum Sinn*, und nichts können wir tun oder sagen, was in der Geschichte nicht seinen Namen fände.« (PdW, 16)

Doch in der phänomenologischen Deskription einer leiborientierten anonymen Sinngenesis findet die *Phänomenologie der Wahrnehmung* nicht ihren Abschluß. Man würde Merleau-Ponty falsch verstehen, unterstellte man ihm, nur »ein Feld vorlogischer oder magischer Erfahrung freizulegen« (PdW, 418). In einer radikaleren Reflexion ist zu erweisen, unter welchen Bedingungen die ausgeführten Beschreibungen selbst stehen. Merleau Ponty wagt eine »transzendentale« Rechtfertigung seiner phänomenologischen Deskriptionen. Denn letztlich zielen die

Untersuchungen auf eine »Besinnung auf den transzendentalen Menschen« (AuG, 109). Diese Reflexion aber soll weder selbstverloren eine absolut transzendentale Sphäre zu entdecken suchen, noch soll das Wirkliche vergessen und das Mögliche verherrlicht werden. Vor diesem Mißverständnis schützen ihn das Paradigma des Zur-Welt-seins und die Einsicht, daß die transzendentale Grundlegung nicht ein zusätzliches und neues Untersuchungsterrain beansprucht, das jenseits oder über der bisherigen Beschreibung liegt. Die transzendentale Fundierung ist vielmehr ein Moment der phänomenologischen Deskription selbst. »Wir müssen die Deskriptionen zum Anlaß nehmen, ein Verstehen und eine Reflexion zu begründen, die sich als radikaler erweisen als alles objektive Denken. Der Phänomenologie im Sinne direkter Beschreibung muß sich eine Phänomenologie der Phänomenologie zur Seite stellen. Wir müssen erneut auf das *cogito* zurückgehen, um in ihm einen fundamentaleren Logos als den des objektiven Denkens zu gewinnen, der diesem sein relatives Recht wie auch seinen beschränkten Platz zuweist.« (PdW, 418) In der Zeit, die dem Subjekt zugrunde liegt, findet Merleau-Ponty die Ambiguitäten von Leib, Welt und Sprache fundiert, nachdem er dem Cartesischen Cogito als einem ausgesprochenen Cogito ein schweigendes Cogito vorangestellt hat und bevor er die Freiheit in ihre Schranken weist.

Merleau-Ponty begnügt sich nicht mit einer Phänomenologie, die in der Beschreibung von Leib, Sprache und Welt die Ambiguitäten aufgedeckt hat, die diese in statu nascendi charakterisieren; er will den Ursprung, die Bedingung der Möglichkeit dieser Ambiguitäten im sich zeitigenden Cogito freilegen. Denn die Möglichkeit derartiger phänomenologischer Beschreibungen ist noch nicht aufgewiesen, und sie bleibt so lange »fragwürdig« und »problematisch« (AuG, 269), bis dies nicht erfolgt ist. Dazu bedarf es einer Reflexion, die über eine bloße »Rückbeziehung der Phänomenologie auf sich selbst«[85] zu einer »Phänomenologie der Phänomenologie« (vgl. AuG, 269) ausgreift. Erstere spricht bereits Husserl in seinen *Ideen zu einer reinen Phänomenologie* an; er versteht darunter jedoch im wesentlichen, daß die in einem ersten Schritt durchgeführten Deskriptionen in einer erneuten Reflexion ihre phänomenologische Klarheit und Deutlichkeit erhalten, daß die Aussagen der Phänomenologie selbst unter der Maßgabe der Phänomenologie zu stehen haben. Eine Phänomenologie der Phänomenologie aber, und hier folgt Merleau-Ponty Eugen Fink und den Andeutungen des späten Husserl, hat das »anonym fungierende phänomenologisierende Denken [...] einer eigenen transzendentalen Analytik zu unterziehen und so die Phänomenologie zu vollenden in der transzendentalen Selbstverständigung über sich selbst«[86]. Die Phänomenologie der Phänomenologie beschreibt die Bedingungen phänomenologisierenden Philosophierens in einem Prozeß der Selbstverständigung, der nun nicht anders als genetisch, d.h. aus der Existenz, aus der Wirklichkeit des Zur-Welt-seins heraus und im Rückgang auf diese durchgeführt werden kann.

Bereits in der *Struktur des Verhaltens* spricht Merleau-Ponty von der Aufgabe, die Transzendentalphilosophie neu zu definieren. (SdV, 259) Doch das Werk endet mit dieser Forderung; eigentlich umgesetzt wird sie nicht, zum Abschluß der *Struktur des Verhaltens* im Jahr 1938 bleibt sie noch Programm. Merleau-Ponty spricht zwar schon von dem Bewußtsein als einem sich engagierenden Bewußtsein (SdV, 200), und in der Beschreibung des beginnenden Bewußtseins (SdV, 196) wird ihm ersichtlich, daß das Bewußtsein »aus einem Netz von Bedeutungsintentionen« besteht, »die das eine Mal sich selbst klar, das andere Mal eher erlebt als erkannt sind« (SdV, 198), doch es fehlt die Fundierung dieses Bewußtseins. Als Problem bleibt z.B., die Strukturen des Bewußtseins zu einem Bewußtsein von Strukturen in eine Beziehung zu setzen. »Wir reduzieren uns ebensowenig auf das ideelle Bewußtsein, das wir von uns haben, wie das existierende Ding sich [...] auf die Bedeutung reduziert, mit der wir es ausdrücken. Genauso ist es ein leichtes, dem Soziologen entgegenzuhalten, daß die Strukturen des Bewußtseins, die er mit einer bestimmten ökonomischen Struktur in Beziehung bringt, in Wirklichkeit das Bewußtsein bestimmter Strukturen sind.« (SdV, 255)

Einen Einstieg zur Auflösung dieser Problematik bietet die veränderte Perspektive der *Phänomenologie der Wahrnehmung*, die sich in der Wahrnehmung selbst einzurichten sucht. In den phänomenologischen Untersuchungen, die aus diesem Blickwinkel vollzogen werden, kann das Bewußtsein beschrieben werden als »Sein beim Ding durch das Mittel des Leibes« (PdW, 167 f.), als ein »*Erfahrung-sein*«, als eine Kommunikation »mit der Welt, dem Leib und den Anderen« (PdW, 122). Nicht mehr kann das Bewußtsein aufgelöst werden in ein »Ich denke«, das sich einem Objekt des Denkens gegenübergestellt sieht, es ist erfahrbar als ein »Ich kann« (PdW, 166), das »nie in absolutem Sinne ›Ich‹ zu sagen vermag« (PdW, 245).

Diese Ergebnisse bestätigt Merleau-Ponty noch einmal in seiner radikalen Reflexion, die einem fundamentaleren Logos nachspürt. Und so nimmt es nicht wunder, daß er nicht etwa eine Auflösung offeriert, die in einem wie auch immer konzipierten einen und einzigen Prinzip eine Erklärung der Ambiguitäten anbietet, aus dem sie sich klar deduzieren ließen. Der fundamentalere Logos wird selbst eine paradoxe Struktur aufweisen.

Einen Einstieg findet Merleau-Ponty mit Descartes, dessen Rückgang auf ein Ich ein »unveräußerlich Wahres« (PdW, 421) darstellt. Auch Merleau-Ponty geht auf das die Beschreibungen vollziehende Denken und allgemein auf das Bewußtsein zurück, um dessen unsichtbaren Teil durch seine Spuren, die es auf den Pfaden der Existenz hinterläßt, anzuzeigen. Doch Merleau-Ponty wäre nicht Merleau-Ponty, wenn er sich nicht die Cartesische Denkbewegung selbst zu eigen machte, d.h., das Rückgehen auf ein Cogito selbst vollzöge, so wie es Descartes auch immer wieder von seinen Lesern forderte. »Ich denke an das *cogito* Descartes', ich will diese Arbeit abschließen« (PdW, 421). Doch kann der wirklich durchgeführte Vollzug der Cartesischen Zweifelsschritte zu einem absoluten Cogito führen? Bleibt nicht ein blinder Fleck, der sich nicht in das Cogito integrieren läßt, diesem vielmehr vorausgeht? Kann im Vollzug des Zweifelns oder auch im Verlauf phänomenologischen Reduzierens – denn der Name Descartes' steht z.T. auch als Platzhalter für Husserls Phänomenologie – die Form vom Inhalt, das Eidos vom Stoff geschieden werden? Es ist gerade die Wahrnehmung, die zeigt, daß eine derartige Trennung nicht möglich ist. »Wahrnehmung ist eben gerade diejenige Aktart, welche die Trennung des Aktes selbst von seinem Gegenstand nicht zuläßt. Wahrnehmung und Wahrgenommenes haben notwendig dieselbe Modalität des Daseins, da von der Wahrnehmung nicht das Bewußtsein zu scheiden ist, das sie hat oder vielmehr ist, die ›Sache selbst‹ zu treffen.« (PdW, 427)

Die Reduktion auf ein Denken der Wahrnehmung, von dem allein gesagt werden kann, daß es gewiß und sicher sei, wird von Merleau-Ponty nicht nur bezweifelt, sondern widerlegt. Ein Denken der Wahrnehmung kann nur dann gewiß sein, wenn es ein Wahrnehmen gibt, das dieses Denken fundiert. Anderenfalls ließen sich Halluzinationen, falsche oder illusorische Gefühle gar nicht erst als solche qualifizieren. »Eine Intimität des Bewußtseins gibt es nicht.« (PdW, 429) Das Bewußtsein ist nicht für sich, es ist keine psychologische oder transzendentale Immanenz, es ist ein stetes und »aktives Transzendieren« (PdW, 429);

»es ist die ursprüngliche Bewegung des Transzendierens, die mein Sein selbst ist, die gleichursprüngliche Berührung mit meinem Sein und mit dem Sein der Welt« (PdW, 430). Das Sehen ist kein Sehen-Denken, es ist als Überstieg zu dem gesehenen Ding zu beschreiben, in welchem sich das Sehen auch erst begreift, wenngleich es sich selbst nie völlig transparent wird.

Merleau-Ponty beruft sich indirekt auf die Cartesische Formulierung des ersten Prinzips der Philosophie, »Ich denke, also bin ich«, aber *ohne* das eine Kausalität anzeigende »also« anzuführen. Die ungleich problematischeren Formulierungen im *Discours de la méthode* – »je pense, donc je suis«[87] – und den *Principia philosophiae* – »ego cogito, ergo sum«[88] – führt Merleau-Ponty nicht an, und er hat auch allen Grund dazu. Der französische Phänomenologe kann sich nicht auf das »ergo« seines Vorgängers berufen, das schon Generationen von Philosophen verzweifeln ließ, da er die beiden Teile des Cartesischen ersten Prinzips als äquivalent ansieht und nicht als eine Kausalverbindung deutet. »Ich denke« und »Ich bin« gelten Merleau-Ponty als gleichwertige Aussagen eines Phänomens. Äquivalenz bedeutet nun aber nicht Synonymität; Äquivalenz heißt, daß das »Ich-denke, das Bewußtsein, sich der Bewegung der Transzendenz des Ich-bin, seiner Existenz integriert« (PdW, 437). Nicht ist in dem »Ich denke« das »Ich bin« auf eine mysteriöse Art und Weise enthalten. Das »Ich denke« findet sich nach Merleau-Ponty allererst situiert in den Bewegungen des »Ich bin«, das Bewußtsein gründet sich in der Existenz. »So bin ich nicht, weil ich *zu sein denke*, meines Existierens gewiß, vielmehr gründet die Gewißheit des Denkens in dessen wirklicher Existenz.« (PdW, 436) Die transzendentalphänomenologische Aufweisung des Bewußtseins wird mit den Worten Finks »mundanisiert«, sie wird »wieder zurückgetragen in die natürliche Einstellung, von der sie sich abgestoßen hatte«[89].

Ist das Bewußtsein in der Interpretation Merleau-Pontys fundiert in der Existenz, so kann es auch nicht mehr als überzeitlich interpretiert werden. Das Bewußtsein ist zur Zeit, indem es sich ausdrückt. Im Ausdruck wird die Vergangenheit des bereits Ausgedrückten und des Gemeinten in die Gegenwart des Ausdrückens integriert und hinsichtlich einer Zukunft organisiert, so daß das »erworbene« Denken (PdW, 447) im Ausdruck nicht verlorengeht; und zudem muß es als solches nicht noch eigens als überzeitlich hypostasiert werden. »Was man das Zeitlose im Denken nennt, ist nur, was solchermaßen die Vergangenheit sich aneignet und einer Zukunft sich verbunden hat und also präsumtiv für alle Zeiten ist, jedoch durchaus die Zeit nicht transzendiert. Das ›Zeitlose‹ ist der Erwerb.« (PdW, 447) Das sogenannte Zeitlose oder Überzeitliche im Denken ist nichts anderes als ein stetig sich vollziehender Erwerb; es ist mit den Worten Husserls ein »Allzeitliches«. Die vermeintlich zeitlos gültigen Ideen des Denkens stehen nicht jenseits der Zeit, sie sind allseits in der Zeit, indem sie »als Korrelat einer beliebigen Erzeugbarkeit und Wiedererzeugbarkeit an jeder beliebigen Zeitstelle«[90] aufzufassen sind: »Jede aufgehende Gegenwart versenkt sich wie ein Keil in die Zeit und beansprucht Ewigkeit. Die Ewigkeit ist keine zweite Ordnung jenseits der Zeit, sie ist die Atmosphäre der Zeit selbst.« (PdW, 448)

Merleau Ponty hat bisher jedoch das Problem der Subjektivität noch nicht vollständig erläutert. Seine Ausführungen explizierten bislang die notwendigen Bedingungen einer Phänomenologie des Bewußtseins, indem sie zeigen, wie das Bewußtsein nicht zu denken ist, nämlich als losgelöst von der Existenz, und indem sie zu verdeutlichen suchen, worauf es sich gründet, auf die Existenz. Nun steht noch die Problemstellung im Raum, daß es überhaupt ein denkendes Ich geben kann. Klar ersichtlich ist, daß ein Denken resp. ein Bewußtsein nicht absolut losgelöst von seinem Engagement in der Welt konstruiert werden kann. Doch es bleibt das Phänomen, daß das Denken nicht vollständig über seinen Bezug zur Welt zu erläutern ist, es ist schließlich ein Denken, das seinen Sinn wesentlich dadurch erhält, daß es vollzogen wird: »Dies zu verstehen, ist das Problem: wie ich für mein Denken überhaupt konstitutiv zu sein vermag – wäre ich es nicht, so wäre dies Denken niemandes Denken, ginge es unbemerkt vorüber und wäre somit gar kein Denken –, ohne doch je für irgendeinen meiner besonderen Gedanken konstitutiv zu sein, da ich diese nie in voller Klarheit entspringen zu sehen vermag und mich selbst nur im Durchgang durch sie hindurch kenne. Zu verstehen gilt es also, wie die Subjektivität in eins abhängig und undeklinierbar zu sein vermag.« (PdW, 455 f.)

Es bleibt neben der Subjektivität, die sich als existierend versteht, eine Subjektivität bestehen, die eine »Undeklinierbarkeit nie verlieren kann«[91]. Auch die Sprache kann diesen blinden Fleck nicht vollständig ausdrücken, da im Ausdruck das vorgängige Ausdrücken, das vollzogen werden muß, nicht zum Ausdruck kommt. Dem ausgedrückten oder ausgesprochenen Cogito – und nichts anderes ist das Cartesische Cogito – »begegnet« (PdW, 458) ein schweigendes Cogito. Dieses darf nun etwa nicht als ein konstruierendes Cogito in höchster Potenz interpretiert werden; es ist vielmehr »die Erfahrung meiner selbst durch mich selbst«, die nur noch einen »gleitenden Anhalt« bei der Welt hat (PdW, 459) – es ist die »Selbstgegenwart bei sich selbst« (PdW, 460). Das schweigende Cogito ist die reine Existenz, die erst dann zu einem Cogito wird, wenn sie sich ausdrückt, jedoch im Ausgedrückten bloß gesprochenes Cogito ist, das auf das schweigende Cogito als undeklinierbares zurückverweist. In Abwandlung der Heideggerschen Bestimmung des Daseins ließe sich formulieren, daß das schweigende Cogito sich zeigt, wenn es ihm in seiner Existenz *um* seine Existenz geht.[92] Einen unmittelbaren Zugang findet die Existenz zu sich selbst demgemäß nur in »Grenzsituationen« (PdW, 460, 518). Doch es ist ein großes Verdienst Merleau-Pontys, die Grenzsituationen nicht wie so manch anderer seiner Zeitgenossen zu strapazieren, sondern dem phänomenologischen Aufweis der Existenz getreu zu folgen. Denn aus bloßen Grenzsituationen folgt nichts.

Im Verlauf der Untersuchungen sprach Merleau-Ponty bereits des öfteren von dem Problem der Zeit. So vollbringen die Ausdrucksbewegungen zum einen Zeit, zugleich bewegen sie sich in einer Atmosphäre der Allzeitlichkeit. Nun diskutiert Merleau-Ponty die Zeitlichkeit als »Dimension unseres Seins« (PdW, 472). Er knüpft an Husserls Analysen zum Zeiterlebnis an und läßt sich von Heideggers Ausführungen inspirieren, die die Zeitlichkeit als Sinn des Seins aufzuweisen suchen[93], wenn er darlegt, daß »die Zeit als das Maß des Seins zu begreifen ist« (PdW, 382).

Offensichtlich ist, daß in dem existierenden Subjekt die Zeitlichkeit aufbricht und zugleich eine passive Synthese der Zeitmomente von Vergangenheit, Gegenwart und Zukunft vollzogen wird (PdW, 479), indem das Verhalten erlebt wird und sich einem Zusammenhang der Zeitmomente einfügt. Durch »mein Wahrnehmungsfeld mit seinen Zeithorizonten bin ich bei meiner Gegenwart anwesend, bei der gesamten ihr vorangehenden Vergangenheit und bei einer Zukunft« (PdW, 382). Die erlebte Zeit läßt Merleau-Ponty jedoch nicht »erstarren«, indem er sie als reale Zeit objektiviert, die als »Zeit für Jemanden« überzeitlich ist. Ganz im Gegenteil sieht er die Zeitlichkeit als Subjekt, das das Bewußtsein begrenzt: »Wir müssen die Zeit als Subjekt, das Subjekt als Zeit begreifen.« (PdW, 480)

Merleau-Ponty versucht zu zeigen, daß eine Phänomenologie der Zeit im Zeiterlebnis keine objektive Zeit zu finden vermag.

Das Subjekt ist nicht in der Zeit wie das Wasser in der Flasche, das Subjekt erlebt Zeit, und es eignet sich Zeit zu – mit einem Wort: es zeitigt sich. So wie der Leib nicht nur Welt stiftet, sondern auch schon in einer Welt verankert ist, so wird die Zeit nicht nur im Erlebnis konstituiert, bricht Zeit nicht nur im Erlebnis auf, sondern Zeit wird übernommen, das Erlebnis fügt sich der Zeit ein. Indirekt zeigt das Zeiterlebnis eines Subjekts die Zeitlichkeit als Subjekt – nicht als objektive oder ideale Zeit – an, indem das Erleben allzeitlich sich im Zeitlauf situieren muß, selbst wenn es sich dem Zeitlauf zu entziehen vermag. Die Zeit als Subjekt ist die begrenzende Dimension. »Wir sind nicht zeitlich, *weil* uns Spontaneität eignet und weil wir als Bewußtsein uns über uns selbst zu erheben vermögen, sondern im Gegenteil: die Zeit ist Grundlage und Maß unserer Spontaneität [...].« (PdW, 486) Wie auch die Weltlichkeit der Welt nicht etwa verschwindet, wenn das Subjekt der Welt den Rücken zukehrt, so verliert das Subjekt auch nicht die Zeit, wenn es sich derselben entzieht. Ganz im Gegenteil, als sich zeitigend erscheint die Zeit dem Subjekt als Maß des Seins – die Zeit ist Subjekt, und das Subjekt ist Zeit.

Der Zeit kommt insofern ein Vorrang zu, als in ihr der Dualismus von Subjekt und Objekt als zwei Momente einer einzigen Struktur zur Erscheinung gebracht werden kann: der Gegenwart. »Durch die Zeit wird das Sein gedacht, da es die Verhältnisse der Subjekt-Zeit und der Objekt-Zeit sind, die überhaupt die Verhältnisse zwischen Subjekt und Welt verständlich machen.« (PdW, 489; vgl. 516 f.)

Doch kann das Subjekt sich radikal der Welt oder gar der Zeit entziehen? Merleau-Ponty antwortet darauf, wie es auch nicht anders zu erwarten steht, mit einem kategorischen Nein: »Alles, was wir sind, sind wir auf Grund einer faktischen Situation, die wir uns zu eigen machen und unablässlich verwandeln durch eine Art *Entzug*, der gleichwohl nie zur unbedingten Freiheit wird.« (PdW, 204) Das letzte Kapitel der *Phänomenologie der Wahrnehmung* behandelt so auch folgerichtig das Phänomen der Freiheit, indem Merleau-Ponty sich wiederum von Sartres Ansichten dezent, aber bestimmt distanziert.[94]

Merleau-Ponty spitzt die Problematik zu Anfang seiner Überlegungen auf die These eines Alles-oder-Nichts der Freiheit zu. Entweder gibt es die absolute Freiheit des Subjekts, oder aber es gibt die vollständige Bestimmung desselben. »Es scheint nur die Wahl zu geben zwischen einem wissenschaftshörigen Kausalismus, der unvereinbar bleibt mit unserem Bewußtsein von uns selbst, und der Behauptung einer absoluten Freiheit ohne jedes Außer-ihr.« (PdW, 496) Doch eine absolute Freiheit ist nicht denkbar. Die Freiheit muß sich manifestieren, sie muß sich in einer Handlung vollziehen lassen. Um allerdings zu handeln, etwas zu vollbringen, bedarf die freiheitliche Handlung eines Feldes, in dem sie sich äußern kann. Freiheit kann nur in der Welt, die uns zu eigen ist, zum Ausdruck kommen. Aber Merleau-Ponty zeigte bereits zu Genüge, daß diese Welt eine sinnbeladene Welt ist. »Es gibt einen autochthonen Sinn der Welt, der sich im Umgang unseres inkarnierten Daseins mit ihr konstituiert und für jegliche Sinngebung vom Charakter einer Entscheidung erst den Boden hergibt.« (PdW, 501) Absolute Freiheit wäre nur möglich, stünde das Subjekt als absolut für-sich-seiend einer an-sich-seienden Welt gegenuber, die vollständig sinnlos wäre. Doch das individuelle Subjekt kann nicht nur der Welt und der Geschichte Sinn verleihen, es empfängt auch Sinn, und es hat sich in diesem Sinnhorizont zu bewegen. Ebensowenig wie es die absolute Freiheit gibt, kann es einen völligen Determinismus geben – es gibt eine »bedingte Freiheit«: »Geboren werden heißt in eins, aus der Welt geboren werden und zur Welt geboren werden. Die Welt ist schon konstituiert, aber nie ist sie auch vollständig konstituiert. In der ersten Hinsicht sind wir von ihr in Anspruch genommen, in der zweiten offen für unendliche Möglichkeiten.« (PdW, 514) Dies zeigte Merleau-Ponty in seinen Untersuchungen zur Welt, indem er die Welt als einen unabschließbaren, offenen Horizont beschrieb. »Wir wählen unsere Welt, und die Welt wählt uns.« (PdW, 515)

Schaut man nun auf den Gedankengang der *Phänomenologie der Wahrnehmung* zurück, so verdecken die einzelnen detaillierten und wortgewaltigen Analysen zu ausgewählten Phänomenen, wie z.B. denen der sexuellen Erfahrung, der Raumkonstitution oder auch der Intersubjektivität, nicht selten den Blick für das Ganze des Buchs. Jede phänomenologische Beschreibung eines einzelnen Phänomens ist bereits für sich wertvoll, doch sollte man die Einbindung in das Projekt Merleau-Pontys nicht vergessen. Vergegenwärtigt man sich noch einmal die Intention der *Struktur des Verhaltens*, die Beziehung zwischen Mensch und Natur resp. Bewußtsein und Welt zu klären, so wird ersichtlich, welch imposantes Unternehmen der französische Phänomenologe 1945 in der *Phänomenologie der Wahrnehmung* vorlegt. Seine Analysen weisen nicht nur zu großen Teilen prominente klassische Ansätze der Philosophie und der Einzelwissenschaften als voreilige Konstruktionen zurück. Anhand der sinngenetischen Untersuchungen zeigt er zugleich, wie Subjektivität und Objektivität *erscheinen*. Unter dieser Perspektive ist Merleau-Pontys Philosophie der Ambiguität keine Sackgasse, die in einer zweideutigen Philosophie steckenbleibt und zu keinen »Ergebnissen« führt. Anstatt blind der Objektivität zu vertrauen oder unberechtigt eine Subjektivität zu setzen, beobachtet Merleau-Ponty das Auftauchen von Subjektivität und Objektivität in einer Genese des Sinns vor dem anonymen Hintergrund leiblichen Verhaltens. Weder Mensch noch Welt, sondern Menschwerdung und Weltwerdung als sich zeitigende Prozesse lassen erst Subjekt und Objekt, Bewußtsein und Ding verständlich, wenn auch nicht vollständig durchsichtig werden; denn an einem bestimmten Punkt »müssen wir schweigen« (PdW, 518).

Allein, der genetische Prozeß speist sich aus einem Hintergrund, der anonym bleibt und der, so hat es allzu häufig den Anschein, doch von einem Subjekt passiv zu übernehmen ist. Merleau-Ponty deutet die Zwischenwelt, die sich ihm aus der Kritik an Empirismus und Intellektualismus erschließt, nicht selten als eine Vorwelt, die entgegen den fortwährenden Beteuerungen den Menschen zum Spielball eines unbekannten Dritten zu degradieren droht.

Zudem beginnt er seine eigenen Analysen durchweg mit einer Kritik an empiristischen und intellektualistischen Positionen, so daß der Treibstoff des Motors, der seine Untersuchungen in Gang hält, selbst nicht als solcher in phänomenologischer Hinsicht ausgewiesen ist. Merleau-Ponty lebt gleichsam auf Kosten von Empirismus und Intellektualismus. Erst wenn sich dieses Denken von selbst trägt – so Merleau-Pontys späteres Ansinnen –, ist die Philosophie abgeschlossen, erhebt sich die Philosophie aus dem Leben und der Welt und kehrt in diese wieder zurück. Freilich bedarf es hierzu des Übergangs zu der *Prosa der Welt* und zu seinen allerletzten Überlegungen in *Das Sichtbare und das Unsichtbare.*

Ungeachtet der Schwierigkeiten, die Merleau-Ponty mit seinem eigenen Buch später hatte, bleibt es doch sein Hauptwerk, das dem verlockenden Weg nicht folgt, Sinn einfach zu bestimmen, sondern ihm seine Fragwürdigkeit beläßt, ihm immer auf der Fährte bleibt und ihn als das Bestimmbare zum Aufweis bringt.

3. Sinn und Nicht-Sinn in der Geschichte

Engagement, Zur-Welt-sein, Handeln und Freiheit bleiben in Merleau-Pontys Philosophie keine Kategorien eines sich isolierenden philosophischen Systematisierens; sie verstecken sich nicht in abstrakten Theoriegebäuden, sondern sie werden als das verstanden, was sie sind, nämlich Begriffe, die im Leben gründen und zur Aufklärung desselben berufen sind. Merleau-Ponty war nicht nur ein Theoretiker der Phänomenologie, seine systematischen Überlegungen tragen die Keime der praktischen Anwendung bereits in ihren Ausdrücken. In Anlehnung an Hegels Deutung der Philosophien Kants, Fichtes und Schellings, wonach das Prinzip der Revolution in »Deutschland [...] als Gedanke, Geist, Begriff« sich artikuliert habe und dann »in Frankreich in die Wirklichkeit hinausgestürmt«[95] sei, könnte man ähnliches über die Phänomenologie im 20. Jahrhundert sagen – was Husserl noch Begriff und Gedanke war, wird Sartre und auch Merleau-Ponty zur Wirklichkeit. Daß in diesem z.T. ungestümen Ausgriff in die politischen Debatten einige philosophische Einsichten Merleau-Pontys verlorengingen, ist nicht zu übersehen.

Merleau-Ponty erfuhr den Krieg, die Besatzung und den Widerstand. Die Ohnmacht des Widerstands und die Möglichkeit einer zukünftigen politischen Ordnung im Angesicht kommunistischer Verheißungen und kapitalistischer Überheblichkeiten bilden seine Themen. (SNS, 178 ff.; Z, 361 ff.) Wenn in den politischen Äußerungen Merleau-Pontys die Phänomenologie in den Hintergrund rückt und Hegel und Marx das Feld zu dominieren scheinen (SNS, 83-186), so liegt das nicht nur daran, daß insbesondere die Hegelsche Philosophie eine Renaissance ohnegleichen in den vierziger und fünfziger Jahren in Frankreich erfuhr[96], es liegt auch daran, daß Merleau-Ponty bereits in seinen früheren Schriften auf Hegel verwies und Marx nicht verschwieg. Dennoch erhält Merleau-Pontys Hegelianismus, ererbt aus den Vorlesungen Kojèves und erweitert durch die Bemühungen Jean Wahls und Henri Lefebvres, neue Schwungkraft durch die Arbeiten Jean Hyppolites, der 1939 und 1941 Hegels *Phänomenologie des Geistes* als zweibändiges Werk in französischer Übersetzung publiziert und 1946 *Genèse et structure de la »Phénoménologie de l'esprit«* veröffentlicht. Im Anschluß daran sieht Merleau-Ponty den Ursprung all dessen, was seit einem Jahrhundert Größe erlangt hat – er nennt z.B. Marxismus, Nietzsche, Phänomenologie, Existentialismus und Psychoanalyse –, bei Hegel. Dieser war es in seinen Augen, der das Irrationale untersuchte, um es in einen erweiterten Begriff der Rationalität zu integrieren. Und es gelte, die abtrünnigen Lehren wieder auf ihren Ursprung zurückzubeziehen. (SNS, 83) Einige Jahre später sollte Merleau-Ponty Hegel nicht mehr derart schillernd überhöhen, wie im allgemeinen die Hegelei früherer Tage ab den sechziger Jahren in Frankreich kritisch betrachtet wird.

Merleau-Ponty versteht es in der unmittelbaren Nachkriegszeit, den frühen Marx (SNS, 170 ff.), den Hegel der *Phänomenologie des Geistes* sowie Husserl und Heidegger in einem Atemzug zu nennen, wobei sein Synkretismus zuweilen keine Grenzen kennt und in jenen stürmischen Tagen eher vom Eifer der Gefechte denn von der Kohärenz philosophischen Denkens getragen wird. Merleau-Ponty war ein Kind seiner Zeit, dies kann nicht geleugnet werden, und zuweilen folgte er auch den Moden und Vorlieben des Zeitgeistes.

Bereits in der *Phänomenologie der Wahrnehmung* plädiert er in einer überaus langen Anmerkung für eine existentielle Interpretation des dialektischen Materialismus, den man »im Namen deskriptiver und phänomenologischer Methode« (PdW, 204) unter dem Vorwurf eines Reduktionismus oder Kausaldenkens nicht abtun könne. Der dialektische Materialismus bestehe nämlich nicht nur »in einer ökonomischen Auffassung der Geschichte, sondern ebensosehr in einer geschichtlichen Auffassung der Ökonomie« (PdW, 204). Merleau-Ponty sieht den Vorteil der ökonomisch fundierten marxistischen Geschichtsauffassung in ihrem Bezug zur Wirklichkeit, in der Konfrontation von Produktivkräften und Produktionsweisen, »die erst zu ihrem Ende gelangt, wenn jene aus ihrer Anonymität heraustreten, sich ihrer selbst bewußt und damit fähig werden, der Zukunft ihre Gestalt zu geben« (PdW, 204). Der Marxismus integriert die Ökonomie, den handelnden, in einer historischen Gemeinschaft lebenden Menschen in seine Geschichtstheorie; das sei das Verdienst des Marxismus. Der Marxismus zeichne sich nicht dadurch aus, »daß er die philosophischen und menschlichen Probleme auf ökonomische Probleme zurückführt« (HuT, 145), sondern dadurch, daß er in den letzteren den sichtbaren Ausdruck der ersteren zu finden sucht. Merleau-Ponty warnt die Kritiker des Marxismus, denselben auf einen ökonomischen Determinismus reduzieren zu wollen.

Daß endlich eine existentielle Geschichtsauffassung zweideutig bleibt (PdW, 205), daß sie sich im Zwischenfeld zwischen Steuerung gesellschaftlicher Verhältnisse und Übernahme ökonomischer Bedingungen in den Irrungen und Wirrungen des faktischen Lebens ansiedelt, kann nach dem theoretischen Lehrgebäude Merleau-Pontys nicht verwundern, denn keiner »ist je gerettet, und keiner ist je ganz verloren« (PdW, 204). Und den Vetretern eines naiven und vulgären Marxismus schreibt er zugleich ins Stammbuch: »Was Marx sagt, daß die Geschichte nicht auf dem Kopfe geht, ist wahr, doch nicht minder wahr, daß sie nicht mit den Füßen denkt.« (PdW, 16) Und die »tiefste Überzeugung vom Sinn der Geschichte hat auch den größten Marxisten niemals die Erkenntnis erspart, daß die Wege der Geschichte unergründlich sind« (SNS, 224).

Humanismus und Terror erscheint 1947 als Replik auf die Schriften Arthur Koestlers, die eine erhebliche Popularität erfuhren und die stalinistischen Verbrechen zum Gegenstand hatten. Merleau-Pontys dreiteilige Artikelserie *Le Yogi et le prolétaire* in *Les Temps Modernes*, die den Hauptteil des 1947 publizierten Werkes bilden, beziehen sich bereits im Titel auf Koestlers Essaysammlung *Der Yogi und der Kommissar*; die zentrale Angriffsfläche bietet jedoch Koestlers Roman *Sonnenfinsternis*, der die Verbrechen Stalins an der Figur Rubaschow alias Bucharin schildert.

Die zweideutige Geschichtsauffassung Merleau-Pontys ist auch in *Humanismus und Terror* zu finden. Das Buch konstruiert nicht etwa eine politische Theorie im Stile Rousseaus oder Machiavellis. Dazu fehlt Merleau-Ponty die Sprache, mit der er feste Kategorien benennen könnte oder wollte. Die Aussagen bleiben zweideutig und führen den Leser schnell in die Irre – u.a. führten sie auch zu einem zeitweiligen Zerwürfnis mit Camus, der Merleau-Ponty beschuldigte, die Moskauer Prozesse zu verteidigen.[97] Als Beispiel der problematischen Terminologie kann etwa Merleau-Pontys Begriff der Gewalt dienen. So führt er aus, daß wir »nicht die Wahl zwischen Unschuld und Gewalt« haben, »sondern zwischen verschiedenen Formen der Gewalt. Die Gewalt ist unser Los, dadurch daß wir inkarniert sind.« (HuT, 153) In einem politischen Pamphlet derart leichtfertig den Gewaltbegriff einzuführen, um einen philosophischen Sachverhalt anzuzeigen – die Übernahme und Verwandlung einer faktischen Situation –, wirkt ebenso naiv, wie die »Grundregeln« einer »wenigstens vorläufigen Politik« (HuT, 228) das Thema des Buchs eher verdecken als erhellen. So plädiert Merleau-Ponty z.B. dafür, die damalige UdSSR nicht zu kritisieren, ohne die historische Situation und den Zusammenhang mit den westlichen Gesellschaften zu berücksichtigen, denn »jede Politik, die nicht die rivalisierenden Gesellschaften in ihrer Totalität zu ›verstehen‹ trachtet, dient einzig der Maskierung des Problems des Kapitalismus, zielt in Wirklichkeit auf die Existenz der UdSSR selbst und muß als Kriegshandlung betrachtet werden« (HuT, 228). Des weiteren könne ein Präventivkrieg gegen die UdSSR nicht gerechtfertigt werden, ansonsten müsse die »französische Regierung damit beginnen, ein Drittel der französischen Wähler und Gewählten sowie den größten Teil der Repräsentanten der Arbeiterklasse zum Schweigen zu bringen« (HuT, 230). Und darüber hinaus erblickt Merleau-Ponty 1947 in der UdSSR keine Macht, von der eine Aggression ausgehe. (HuT, 231)

Die Ratschläge, die Merleau-Ponty der Politik mit auf den Weg gibt, gehören sicherlich nicht zu den tiefgründigsten Einsichten seiner Philosophie, sie wirken unbeholfen und gründen auf einem politischen Attentismus, der einem idealisierten Marxismus Rechte zugestehen möchte, die der verwirklichte Marxismus längst verworfen hatte. Und später sollte Merleau-Ponty seine abwartende Haltung gegenüber dem Kommunismus sowjetischer Prägung auch aufgeben.

Das eigentliche Thema von *Humanismus und Terror* liegt dementsprechend weniger in den moralisierenden Bemerkungen als vielmehr in der Beschreibung der Ambiguitäten des politisch handelnden Menschen. (HuT, 30 f.) In diesen Analysen, weniger in den politischen Bewertungen, zeigt sich die Fähigkeit Merleau-Pontys, »eine Lektüre der Gegenwart« (SNS, 230) so weit zu treiben, daß die unbedachte Infrastruktur der historischen Entwicklung und der praktischen Handlung verständlich werden kann. Denn die in der politischen Rhetorik beliebten Alternativen entpuppen sich allzuleicht als Sackgassen. Haben wir, so fragt Merleau-Ponty, »nur die Wahl, Zyniker oder Spitzbuben zu sein?« (SNS, 209) Wohl nicht, denn wir »sind in der Welt, mit ihr im Gemenge, mit ihr kompromittiert« (SNS, 198).

Im Rückgriff auf den Bericht der Prozesse um Bucharin zeigt Merleau-Ponty, daß Koestler die Situation in seinem Roman nicht adäquat geschildert hat. Dies aber nicht etwa deshalb, weil er kein getreuer Marxist war, sondern weil er das Grundproblem eines sich politisch engagierenden Menschen gar nicht begriffen hat. Es kann nicht darum gehen, die Fronten schlicht zu isolieren, dem Yogi den Kommissar, der Intention die Tat, dem guten Gewissen das schlechte Ergebnis gegenüberzustellen; die »wirkliche Tragik hingegen beginnt dort, wo ein und derselbe Mensch begriffen hat, daß er einerseits die objektive Gewalt seiner Taten nicht desavouieren kann und daß er das ist, was er für die Anderen ist, im geschichtlichen Zusammenhang, und andererseits das Motiv seiner Tat dennoch den Wert des Menschen ausmacht, so wie er ihn unmittelbar empfindet« (HuT, 106). Bereits der Ausgangspunkt der Bewertungen Koestlers ist falsch. Es ist nicht möglich, das Gewissen von der Tat, das Herz von der Hand, die Absicht von der Handlung zu scheiden und dann den Menschen so darzustellen, als könne er beliebig in »einer Reihe von Pendelbewegungen« dazwischen wählen. Es handelt sich vielmehr um einen auf Wahrheit fundierten Widerspruch, eine »dialektische Beziehung«; »und ein und derselbe Mensch versucht, sich auf beiden Ebenen zu verwirklichen« (HuT, 106 f.). Menschliches und politisches Handeln ist nicht absolut frei, wie es auch nicht vollständig determiniert ist; es spielt sich in einem Feld von (historischen) Wirklichkeiten ab, die (zukünftige) Möglichkeiten allererst eröffnen. »Die Freiheit ist nicht diesseits der Welt, sondern in Berührung mit ihr.« (SNS, 199) Die wirkliche Tragik offenbart sich in der »geschichtlichen Kontingenz« (HuT, 108), in der der Mensch agiert: »Die Geschichte bietet uns durch Fakten Linien an, die es in die Zukunft zu verlängern gilt, aber sie zeigt uns nicht mit geometrischer Klarheit die Linie der vorrangigen Fakten, die schließlich unsere Gegenwart beschreiben wird, wenn diese vollendet ist.« (HuT, 109)

Es gibt »keine Wissenschaft der Zukunft« (HuT, 27), wie es auch kein »absolutes Wissen« (HuT, 136) über die Zukunft geben kann; und Merleau-Ponty legt den Marxismus auch so aus, als habe er keinen geschichtlichen Determinismus beschrieben, sondern »Perspektiven«, einen »Horizont von Wahrscheinlichkeiten« (HuT, 99) aufgezeigt. »Die Geschichte ist also nicht mit einer Maschine vergleichbar, eher mit einem lebenden Wesen.« (HuT, 132)

Und in dieser Geschichte handeln nicht isolierte, einzelne Akteure, sondern Menschen, die die Geschichte intersubjektiv erfahren als sinnbeladenen Prozeß, dem sie unterliegen, in den sie aber auch jederzeit eingreifen und den sie dadurch umgestalten. Es gibt keine Zuschauer, die auf einer entfernten Tribüne dem geschichtlichen Ablauf Beifall klatschen oder ihn verhöhnen, es gibt nur handelnde Menschen in einer geschichtlichen Situation.

Die Instanz des sich in einer geschichtlichen Situation befindenden, notwendig handelnden Menschen, der sich seiner Perspektiven bewußt wird, findet Merleau-Ponty fast zwangsläufig im Proletariat. Das Proletariat ist der ausgezeichnete Bezugspunkt der marxistischen Theorie nach Merleau-Ponty, und die politischen Köpfe des Proletariats haben nur die Aufgabe, die proletarische Praxis zu artikulieren und weiterzuführen. Ist dies nicht mehr gewährleistet, ist also das Proletariat nicht mehr

Zentrum und Maß der marxistischen Politik, dann bleibt nur noch der Terror. (HuT, 194 ff.)

Im Proletariat findet Merleau-Ponty jenes Zwischenfeld in der Geschichte manifestiert, das er bereits in seinen theoretischen Erörterungen aufzuweisen suchte. Im Proletariat verschränken sich Innen und Außen, Subjekt und Objekt, Aktivität und Passivität derart, daß sich das Proletariat als Objekt der geschichtlichen Verhältnisse begreift und zugleich zum Subjekt der geschichtlichen Entwicklung erhebt. Der Proletarier denkt nicht nur die Revolution, er *ist* die Revolution, indem sich in der proletarischen Praxis eine »tatsächliche Universalität« (HuT, 79) artikuliert, die nicht mehr eine bloße Universalität oder Vernunft einer Klasse, sondern die der geschichtlichen Entwicklung selbst ist.

Eher zurückhaltend kritisiert Merleau-Ponty die Tendenz einer sich abkoppelnden kommunistischen Doktrin, die das Proletariat nicht mehr als Maß der kommunistischen Politik begreift. Seine versteckte Kritik derartiger Entwicklungen wird allerdings insbesondere dadurch wieder konterkariert, daß er der marxistischen Entwicklung und kommunistischen Politik »Umwege« (HuT, 163) zugesteht, ohne jedoch zu beschreiben, wann genau der eingeschlagene Umweg in eine Sackgasse mündet. Allein das Bekenntnis, daß es sich um einen Umweg handelt, kann nicht weiterhelfen.

Die Ausführungen in *Humanismus und Terror* mußten zwangsläufig mißverstanden werden. Es ist im Bereich der politischen Philosophie immer schwierig, eine Position einzunehmen, die die Zweideutigkeit des politisch Handelnden zum Thema hat. Dies aber kann man Merleau-Ponty nicht zum Vorwurf machen. Im Gegenteil, darin liegen die Stärken der Analysen – sie warnen vor übereilten Heilsbotschaften. Doch Merleau-Ponty unterlegt seine Untersuchungen mit einem Ideal, das eben genau diesen Analysen widerspricht, und er vergißt auch Teile seiner eigenen philosophischen Konzeption. Offensichtlich denkt er das Proletariat als die *letzte* Instanz, als den letztgültigen Sinn der Geschichte, in dem die Dialektik sich ihrer selbst bewußt wird und zur Macht kommt. Doch dieser Schritt scheint willkürlich. Ein letzter Sinn, der sich als empirisches Faktum völlig transparent werden könnte und damit zu einem Abschluß gelangte, wurde schon in der *Phänomenologie der Wahrnehmung* als Irrglaube erwiesen.

1955 verabschiedet sich Merleau-Ponty von seiner abwartend-marxistischen Haltung. Äußerst selbstkritisch betrachtet er in den *Abenteuern der Dialektik* seine früheren Bemühungen. (AdD, 275 ff.)

In der Auseinandersetzung mit den Theoretikern des Marxismus erkennt Merleau-Ponty, daß der Glaube an das Proletariat, in dem sich die Dialektik letztgültig ausdrückt und zur Macht kommt, ein widersinniges Unterfangen ist. Nicht die Dialektik selbst, sondern der Glaube an eine endgültige Manifestation der Dialektik ist eine Illusion. Sie besteht darin, »den Gesamtsinn der Geschichte übereilt in ein historisches Faktum, die Entstehung und das Wachstum des Proletariats nämlich, zu setzen und zu glauben, daß die Geschichte selbst ihr eigenes Zusichselbstkommen bewerkstellige, daß die Herrschaft des Proletariats als Negation der Negation seine eigene Selbstaufhebung sei« (AdD, 247). Radikal rechnet Merleau-Ponty mit seinen früheren politischen Ansichten ab, er attakkiert vehement Sartres Schrift *Les Communistes et la Paix*, deren Standpunkt er als »Ultrabolschewismus« (AdD, 115) etikettiert, eine Position, in der der »Kommunismus sich nicht mehr durch die Wahrheit, die Philosophie der Geschichte und die Dialektik rechtfertigt, sondern durch deren Negation« (AdD, 120).

Seine Kritik fußt auf philosophischen Einsichten, die sich seit 1947 weiterentwickelt haben. Das vormals in einer Philosophie der Ambiguität gefaßte Zwischenreich wird nun nicht mehr von einer Position entwickelt, die sich aus einem Dualismus von Empirismus und Intellektualismus speist, und es kann auch nicht mehr als eine Welt gedeutet werden, die passiv zu übernehmen ist; es ist vielmehr eine »Zwischenwelt, die wir Geschichte, Symbolik und herzustellende Wahrheit nennen« (AdD, 242). Merleau-Ponty denkt Geschichte und Sprache nun als Symbolwelten, die den direkten Kontakt zu den Sachen als »Traum« (AdD, 217) erweisen und die sich nur über Differenzen erschließen lassen. Die »Symbolsysteme« Wahrnehmung, Sprache und Geschichte können nur das werden, »was sie bereits waren, obschon sie, um dies zu werden, durch menschliches Handeln vollzogen werden müssen« (Vorl., 68). Die Geschichte strebt demnach keinem endgültigen, absoluten, einzig sinnvollen Ziel zu, sondern ist begreifbar nur als Beseitigung des Unsinns: »Der Sinn der Geschichte läuft also bei jedem Schritt Gefahr, vom Wege abzukommen und muß unaufhörlich neu integriert werden [...]. Es gibt weniger einen Sinn in der Geschichte als eine Beseitigung des Unsinns.« (AdD, 50; vgl. Vorl., 41)

Merleau-Ponty greift in den *Abenteuern der Dialektik* Überlegungen auf, die er in Vorlesungen und Manuskripten seit 1948 formuliert und weiterentwickelt und die im wesentlichen der Erscheinung des Sinns, dem Werden der Wahrheit und der Manifestation derselben aus einem Differenzierungsprozeß heraus nachspüren. Er entdeckt in den Symbolwelten von Sprache und Geschichte das Phänomen des schöpferischen Ausdrucks, dessen Paradoxien er auslegt und dessen Struktur ihn davor bewahrt, von *einer* Wahrheit oder *einem* Sinn zu sprechen, die an und für sich in einer letzten Instanz transparent werden könnten.

4. Archäologie des Ausdrucks

Was in den *Abenteuern der Dialektik* Hinweis auf einen neuen philosophischen Ansatz bleibt, der die Wahrheit als Werden der Wahrheit und den Sinn als Werden des Sinns über ein Symbolisierungsvermögen resp. ein sich differenzierendes Ausdrucksgeschehen faßt, läßt sich genauer rekonstruieren, wenn man die philosophischen Studien Merleau-Pontys ab etwa 1948 zu Rate zieht. Anzuführen sind insbesondere seine Vorlesungen an der Sorbonne (KdV; Vorl., 129-226) und am Collège de France (Vorl., 51-128), die sogenannte *Kandidaturschrift* (AuG, 99-110), seine Antrittsvorlesung am Collège de France, *Lob der Philosophie* (AuG, 177-224), der Sammelband *Signes* (SG; Z) und schließlich das Fragment gebliebene Werk *Die Prosa der Welt*, aus dem der Aufsatz *Das indirekte Sprechen und die Stimmen des Schweigens* (AuG, 111-175) entsteht.

Merleau-Ponty scheidet zwischen einer schlechten und einer guten Ambiguität. (AuG, 110, 178) Kritisch blickt er auf die *Phänomenologie der Wahrnehmung* und seine Philosophie der Ambiguität zurück, in der seiner Ansicht nach lediglich eine Mischung von Endlichkeit und Universalität, von Aktivität und Passivität und von Innerlichkeit und Äußerlichkeit vorgelegen habe. Vergegenwärtigt man sich Merleau-Pontys Studien bis 1945, so wird ersichtlich, daß sich seine Philosophie der Ambiguität entwickelte, indem sie im Zickzack zwischen Empirismus und Intellektualismus auf einen Bereich hinwies, den man auch als eine Vorwelt deuten könnte, die passiv zu übernehmen sei. Es stellte sich eine Mischung von Passivität und Aktivität ein, die so recht jedoch nie aus *einem* Geschehen heraus zu begreifen war. Im Phänomen des Ausdrucks zeigt sich Merleau-Ponty jetzt eine gute Ambiguität, »d.h. eine Spontaneität, die das scheinbar Unmögliche verwirklicht, scheinbar heterogene Elemente zusammenfaßt und eine Vielzahl von Monaden zu einem einzigen Gewebe von Vergangenheit und Gegenwart, Natur und Kultur einigt« (AuG, 110). Im Ausdruck als Ausdrucksgeschehen findet Merleau-Ponty das Sowohl-als-Auch, das dem Weder-Noch in der *Phänomenologie der Wahrnehmung* zeitweilig zum Opfer fiel. Zwar behandelte Merleau-Ponty bereits 1945 den schöpferischen Ausdruck (PdW, 445); doch jetzt soll der philosophische Sinn der früheren Untersuchungen fixiert werden (AuG, 103). Das Motiv, sich neu zu orientieren, ist damit genannt. Das Ziel der Untersuchungen ist jedoch nicht unwichtig, möchte man die Analysen des Autors in seiner archäologischen Denkbewegung (AuG, 102, Vorl., 54) verstehen. Merleau-Ponty ist weniger daran interessiert, den Bezug zwischen Mensch und Welt gleichsam frontal zu erkunden, indem er sich dem Zwischen von seinen Grenzen her nähert, wie sie sich in Intellektualismus und Empirismus theoretisch manifestiert haben – dieser Zugang postuliert gerade den Dualismus, den es aufzuheben gilt. Er beschäftigt sich damit, wie in dem Zwischenfeld selbst, im Ausdruck, der Logos der stumm gebliebenen Welt und der Logos der wahrgenommenen Welt zur Sprache kommen. (AuG, 109 f.) »Der Ausdruck im eigentlichen Sinne, so wie die Sprache ihn erzielt, widerspiegelt und amplifiziert einen anderen Ausdruck, der sich in der ›Archäologie‹ der Wahrnehmungswelt enthüllt.« (Vorl., 53 f.)

Waren seine Überlegungen in der *Phänomenologie der Wahrnehmung* an einem Leibsubjekt orientiert, so tritt Merleau-Ponty ab den fünfziger Jahren in seinen archäologischen Erkun dungen direkt in das Zwischenfeld ein, um letztlich das vollständig zu untersuchen, was bei Husserl nur Andeutung blieb: wie nämlich die noch stumme Erfahrung zur reinen Aussprache ihres eigenen Sinnes kommt. Fast zwangsläufig stößt Merleau-Ponty auf Paradoxien. Wie läßt sich eine Erfahrung ausdrücken, deren Merkmal es ist, *stumm* zu sein? Wie ist es um den *eigenen* Sinn einer solchen Erfahrung bestellt? Was heißt es, eine derartige Erfahrung zur *reinen* Aussprache zu bringen? All diese Schwierigkeiten liegen im Phänomen des Ausdrucks gebündelt vor, ohne daß sie aufgelöst werden könnten. Genau deshalb ist der Ausdruck als schöpferischer Ausdruck das, was in seiner Vielfältigkeit beschrieben werden muß. Merleau-Ponty schreitet in seiner Entidealisierung phänomenologischen Denkens fort, und er deutet bereits an, was erst in seinen späteren Ausführungen explizit wird: ein Philosophieren diesseits des traditionellen philosophischen Subjektbegriffs. Denn er konfrontiert die Philosophie mit einer »schwindelerregenden Idee« (AuG, 96), die darin besteht, das Denken und Handeln nicht mehr einem Regime zu unterstellen, das es aus einem Jenseits reguliert resp. aus einem Diesseits restringiert, sondern es aus seiner Selbstbezüglichkeit heraus verständlich werden zu lassen. »Wir müssen uns ein Labyrinth spontaner Schritte vorstellen, die sich aufnehmen, sich manchmal überschneiden und bestätigen, aber auf wieviel Umwegen und durch welchen Wust von Unordnung hindurch – das heißt, wir müssen begreifen, daß das ganze Unternehmen auf sich selbst beruht.« (AuG, 96).

Das Wahrnehmungs- und Erkenntnissubjekt wurde schon in der *Phänomenologie der Wahrnehmung* aus den Ketten eines absoluten Bewußtseins resp. eines transzendentalen Ich befreit. Doch die Analysen waren noch nicht radikal genug; sie legten noch nicht die eigentlichen Wurzeln frei. Merleau-Ponty versucht nun, anhand des Ausdrucksgeschehens die Unterschiede anzuzeigen, die ihm zuvor den Einstieg in seine Untersuchungen gewährten. Zeigten in seinem ersten Ansatz die Dualismen von Empirismus und Intellektualismus, von Aktivität und Passivität oder von Ich und Welt ein Zwischen an, so weist nun das Zwischen die Unterschiede auf, ohne sie aber als Dualismen festzuschreiben. Das Wahrnehmungssubjekt »fungiert in der Ausführung eines seit unserer Geburt zwischen dem Leib und der Welt, zwischen uns selbst und unserem Leib geschlossenen Paktes. Dieses Subjekt ist gleichsam eine fortwährende Geburt [...].« (AuG, 103) Davon handelt die Philosophie, indem sie sowohl auf »die anonyme symbolische Tätigkeit, aus der wir selbst emportauchen, wie auch auf die persönliche Rede [...], die sich in uns bildet und die wir sind« (AuG, 217), zurückgeht und im Ausdrücken dem Phänomen des Sinn-, Ich-, Welt- und Wahrheitwerdens nachspürt.

Die Philosophie selbst ist ebenso ein Ausdrucks- und Symbolsystem. »Jede Philosophie ist auch ein Zeichengefüge« (AuG, 217). Die philosophische Besinnung aber ist zusätzlich dadurch ausgezeichnet, daß sie jene Momente zu erfassen sucht, »in denen ein Sinn von sich selbst Besitz ergreift« (Vorl., 218). Die Philosophie symbolisiert gleichsam das Symbolisierungsgeschehen, sie ist die Selbstverständigung über die Genese von Sinn und Wahrheit, die immer schon eine Verständigung, wenn auch eine stumme Verständigung, war. In diesem Prozeß gewinnt die Philosophie das »Werden der Wahrheit zurück und treibt es über alle Schranken weiter; dieses Werden der Wahrheit impliziert und bewirkt das Dasein einer einzigen Geschichte und einer einzigen Welt« (AuG, 218).

Einen Anknüpfungspunkt für seine Analysen des Ausdrucksphänomens findet Merleau-Ponty freilich in seinen eigenen Arbeiten, die dem Leib und seinen Vollzügen nachgingen. Der Leib ist Ausdruck, »er ist unser Ausdruck in der Welt« (AuG,

102). Der Leib ist jedoch kein Ausdruck in dem Sinne, wie das sprachliche Zeichen als Ausdruck bezeichnet werden könnte, also etwa als eine direkte Abbildung von etwas, was ausgedrückt werden soll. Der tätige Leib ist »*ursprünglicher Ausdruck*«, d.h. »nicht die sekundäre und abgeleitete Arbeit, die das zum Ausdruck Gebrachte durch fertige Zeichen ersetzt, deren Sinn und Anwendungsregel anderswoher stammen, sondern [...] die Operation, die die Zeichen überhaupt erst zu Zeichen macht« (Prosa, 98; vgl. AuG, 150 f.). Die schlichten Akte des Sehens oder Bewegens sind Akte des Ausdrückens, die einen Sinn nicht einfach der Welt vorschreiben, auch sich nicht sinnlich von der Welt beherrschen lassen; vielmehr werden dem Sein im Wahrnehmen und Bewegen »Reliefs, Entfernungen und Abstände, kurz, ein Sinn« (AuG, 150) eingezeichnet.

Merleau-Ponty nennt Cassirer hier nicht. Doch ähnlich wie dieser versteht Merleau-Ponty den Ausdruck als ein »Urphänomen«, ohne welches das »Dasein für uns stumm« bliebe, denn »Wirklichkeit könnte niemals aus der Wahrnehmung als bloßer Sach-Wahrnehmung gefolgert werden, wenn sie nicht in ihr, kraft der Ausdrucks-Wahrnehmung, schon in irgendeiner Weise beschlossen läge und sich hier in einer durchaus eigentümlichen Weise manifestierte«[98]. Auch spricht Merleau-Ponty wie Cassirer vom Wunder des Ausdrucks oder vom Geheimnis desselben; anders aber als der deutsche Neukantianer läßt der französische Phänomenologe diese Wunderlichkeiten nicht als solche stehen, noch verdeckt er gar die Geheimnisse mit dem Signum des »Urphänomens«. Die Geheimnisse müssen sichtbar werden, wenn sie auch nie abgeleitet werden können. Aus dem Blickwinkel Merleau-Pontys beruhigt das Etikett des Urphänomens den Leser allzuschnell, das Philosophieren würde per Dekret beendet. Das Urphänomen bleibt ein bloßes Wort, wenn nicht die Urphänomenalität des Urphänomens philosophisch beschrieben wird, also gezeigt werden kann, wie sich der Ausdruck den gängigen Erklärungsschemata entzieht und in welchen Paradoxien er sich darbietet.

Hinsichtlich der Sprache heißt dies für Merleau-Ponty, nicht auf eine Philosophie zu verzichten, die eingedenk der Geheimnisse der Sprache dieselben gar nicht mehr thematisieren möchte: »Das beste Mittel, der Sprache ihren Wundersinn zu erhalten, den man in ihr gefunden hat, besteht nicht darin, ihn zu verschweigen, auf die Philosophie zu verzichten und zum unmittelbaren Gebrauch der Sprache zurückzukehren, denn auf diese Weise würde das Geheimnis untergehen in der Gewohnheit. Rätselhaft bleibt die Sprache nur für den, der ihre Befragung fortsetzt, das heißt für den, der weiterhin von ihr spricht.« (Prosa, 135)

Ein weiterer und entscheidender Unterschied zu Cassirer, für den die Philosophie dort einsetzt, wo sich ein Chaos zum Kosmos formt[99], besteht darin, daß für Merleau-Ponty die Philosophie keinen »Übergang von einer konfusen Welt zu einem Universum in sich geschlossener Bedeutungen« (Prosa, 40) darstellt; sie setzt im Unterschied zu Cassirer an die Stelle eines latenten Sinns oder eines schweigenden Symbolismus einen offenkundigen Sinn oder bewußten Symbolismus. (AuG, 217) Merleau-Ponty erkundet somit das Paradox, wie im Ausdruck ein schweigender Sinn – nicht ein Nichts, aber auch nicht ein artikulierter, transparenter Sinn – sich manifestiert, wie im Ausdrucksgeschehen sich ein Zugang zu diesem Sinn öffnet, der dem Ausdruck zuvor immer schon zugrunde liegt.

Der französische Phänomenologe beschreibt das im Ausdrucksgeschehen vermittelte Sprechen vor dem Hintergrund eines Schweigens – eines Schweigens, das freilich nicht gänzlich stumm ist, sondern mit dem Sprechen einhergeht. (AuG 121) Und er hegt die Hoffnung, in der Paradoxie des Ausdrucks die

»Bedrohung« einer zweideutigen Philosophie aufgehoben zu haben, da die Ambiguität selbst zum Thema geworden ist und nun »zur Begründung der Gewißheiten« (AuG, 178) beitragen kann. Um dieses Unterfangen anzugehen, findet Merleau-Ponty einige Anregungen bei dem Linguisten Ferdinand de Saussure[100], den er unter der Hilfestellung von Pos, Jakobson u.a. in sein Projekt integriert. Auch sein genetischer Ansatz ist ihm behilflich, Saussures Theorie gleichsam zu dynamisieren, also von Strukturen und Strukturierung und von Ausdruck und Ausdrucksgeschehen zu sprechen.

Er entdeckt zwischen dem Husserlschen und dem Saussureschen Denken eine »Konvergenz« (Vorl., 177), die darauf beruht, daß Husserls Phänomenologie der Sprache einen Rückgang auf das Sprechen impliziert, so wie Saussure der »langue« (Sprache) die »parole« (Rede) zur Seite stellt. Des weiteren interessiert Merleau-Ponty die Saussuresche Differenzierung zwischen einer synchronen und diachronen Sprachbetrachtung (KdV, 96 ff.), die er mit der Unterscheidung zwischen »langue« und »parole« korreliert (Prosa, 15 f.). Saussure versteht unter einer synchronen Sprachwissenschaft ein Studium der Sprache zu einem bestimmten Zeitpunkt, während eine diachrone Sprachwissenschaft die Sprache in ihrer historischen Entwicklung zum Thema hat. Merleau-Ponty sieht das »unermessliche Verdienst« (Prosa, 46) Saussures darin, die Geschichte vom Historismus befreit und zudem eine neue Vernunftkonzeption erarbeitet zu haben. Denn der Linguist zeigt, daß das gegenwärtige Sprechen eine Ordnung konstituiert, die nicht von der historischen Sprachgeschichte determiniert ist, gleichwohl immer im Zusammenhang der Sprachgeschichte stehen muß. »Im Akt des Sprechens [...] bekundet das Subjekt seine Autonomie, da ihm ja nichts wesentlicher ist; und doch ist es im selben Augenblick und ohne Widerspruch der Sprachgemeinschaft zugewandt und der Sprache selbst verpflichtet.« (AuG, 215) Oder allgemeiner: »Die Sprache ist ganz Zufall und ganz Vernunft.« (Prosa, 57)

Saussures Unterscheidungen zwischen »langue« und »parole« sowie synchroner und diachroner Sprachwissenschaft gestatten es dem französischen Phänomenologen, die linguistischen Einsichten in sein Projekt einzubinden. Sie stehen in einer engen Beziehung zu der Differenzierung Merleau-Pontys zwischen sprechender und gesprochener Sprache und der Auffassung, daß die sprechende Sprache mit der gesprochenen Sprache in einem Zusammenhang von Auf- und Übernahme, aber auch Weiterführung steht.

Von entscheidendem Gewicht für den weiteren Denkweg des Phänomenologen – und dies ist das Neue, das Merleau-Ponty bei Saussure kennenlernt – ist die Einsicht, daß den Wörtern und Zeichen an sich keine Bedeutung zukommt, die Zeichen und Wörter vielmehr nur eine Bedeutung haben, indem sie sich von anderen Zeichen unterscheiden, also diakritisch sind. Die Sprache besteht aus »Unterschieden ohne Ausdrücke, oder genauer, die Ausdrücke der Sprache werden erst durch die zwischen ihnen auftauchenden Unterschiede hervorgebracht« (AuG, 111). Dies hat entscheidende Konsequenzen für den Sinnbegriff, der nunmehr in den Zwischenräumen des Sprechens und an den Rändern der Zeichen vermutet wird und gleichsam ein vagabundierendes Leben führt: »Wenn das Zeichen nur insofern etwas bedeutet, als es sich von den anderen Zeichen abhebt, ist sein Sinn ganz in die Sprache eingelassen, ein sprachlicher Ausdruck wirkt immer vor dem Hintergrund anderer sprachlicher Ausdrücke und ist immer nur eine Falte im unermeßlichen Gewebe des Sprechens. Um ihn zu verstehen, brauchen wir kein inneres Lexikon zu befragen, das uns im Hinblick auf die Wörter oder Formen reine Gedanken angäbe. Es genügt, daß wir seinem Leben, seiner Differenzierungs- und Artikulationsbewegung, seiner sprachlichen Gestik zustimmen. Es gibt folglich eine Undurchdringlichkeit der Sprache: Nirgends nimmt sie sich ganz zurück, um dem reinen Sinn Platz zu machen, immer wird sie nur wieder durch Sprache selbst umgrenzt, und der Sinn erscheint in ihr nur als ein in den Wörtern Eingefaßtes.« (AuG, 115)

Merleau-Ponty greift auf die Unterscheidung zwischen Rede und Sprache, die Differenzierung zwischen Diachronie und Synchronie und auf die diakritische Sinnanalyse Saussures zurück, um nicht nur die Sprache, sondern auch die Wahrnehmung und die Künste aus einem sich differenzierenden Ausdrucksgeschehen heraus verstehen zu können. Einen gewissen methodischen Vorrang hat dabei die Sprache, sie dient ihm nicht nur in der *Prosa der Welt* als Paradigma; gleichwohl ist es insbesondere die Malerei, woran Merleau-Ponty die Systematik zu explizieren sucht. Denn in der Malerei lassen sich die »Metamorphosen« (AuG, 137) besonders deutlich aufzeigen, die der Maler zustande bringt, wenn er die Welt als eine Sichtbarkeit befragt, um in einem Bild eine Antwort zu finden, die wiederum nichts anderes als eine Sichtbarkeit ist. (AuG, 145)

Merleau-Ponty wendet sich, wie schon zuvor, gegen Philosophien und Theorien, die in der Formalisierung der Sprache eine Aufklärung derselben suchen. Derartige Ansätze gelten ihm als »Hirngespinst« (Prosa, 45). Sie verdecken die Ausdruckskraft der Sprache, und sie können nie ihr gestecktes Ziel erreichen, die Sprache in einen Algorithmus aufzulösen. Selbst die formalsten Systeme müssen sich nicht nur auf Sinnliches stützen, sie erhalten ihre Bedeutung erst dadurch, daß sie in einem schöpferischen Ausdrucksgeschehen entstanden sind. (Prosa, 143) Das Wesentliche des mathematischen Denkens erblickt Merleau-Ponty demzufolge nicht etwa darin, daß aus den Prinzipien und Hypothesen eine Schlußkette gefolgert wird, die im Rückblick als den Prinzipien und Hypothesen immanent angesehen wird

– das ist eine »Illusion aus der Retrospektive«. »Die Konsequenzen waren der Hypothese nicht immanent: sie waren in der Struktur als einem offenen System nur vorgezeichnet und eingebunden in meinen Gedankenfortgang [...].« (Prosa, 144) Das mathematische Denken zeichnet sich nicht durch die Formalisierung aus, sondern durch eine Dezentrierung der Struktur, indem die Struktur »sich einer Frage öffnet und sich umorganisiert zu einem neuen Sinn, der aber immer noch der Sinn derselben Struktur ist« (Prosa, 144). Das mathematische Denken wird mißverstanden, interpretiert man es derart, daß die Konsequenzen der Hypothese immanent waren. Dieser nachträgliche Schluß vergißt das Werden des Sinns, das Merleau-Ponty als Umstrukturierung einer Struktur begreift. »Es handelt sich hier um ein wirkliches *Werden des Sinnes*, bei dem das Werden nicht mehr eine objektive Abfolge, eine faktische Transformation ist, sondern ein Selbst-Werden, ein Sinn-Werden.« (Prosa, 144)

Ähnlich verhält es sich mit der Sprache. Die Sprache besteht nicht einzig aus den Ausdrücken, die auf irgendeine Art und Weise eine klare und feste Bedeutung besitzen, und der Sinn der Sprache läßt sich erst recht nicht in einen formalen logischen Kalkül fassen, der mit diesen Bedeutungen hantiert: »Bevor die Sprache Bedeutungen an uns heran trägt [...], die uns, einmal entstanden, einfach trägen Zeichen zugeordnet scheinen, muß die Sprache durch ihre innere Anordnung einen gewissen ursprünglichen Sinn ausscheiden, von dem sich die Bedeutungen abheben; es muß eine Sprachbetrachtung geben, die unterhalb der konstituierten Sprache ansetzt, die die Modulationen des Sprechens und die Wortkette als in sich selbst ausdruckshaft betrachtet und die jenseits aller etablierten Nomenklatur den ›sprachlichen Wert‹ deutlich macht, der den Sprechakten innewohnt.« (Prosa, 53)

Diese Sprachbetrachtung sucht den Sinn nicht im isolierten Zeichen oder im Bewußtsein oder in einem jenseitigen Reich idealer Bedeutungen, sie geht ihm am Rand der Zeichen, in der Differenz der Zeichen zueinander nach. Die Sprache enthält »letztlich nur Bedeutungsdifferenzen« (Prosa, 121); der Sinn der Sprache taucht »erst im Schnittpunkt und gleichsam im Zwischenraum der Wörter« (AuG, 115) auf, und die Sprache ist keine Zeichenfolge, sondern »ein methodisches Mittel, Zeichen voneinander zu scheiden und auf diese Weise eine Welt der Sprache zu bilden« (Prosa, 53). Diesen »indirekten« oder »lateralen« Sinn *zwischen* den Worten (AuG, 121) versucht Merleau-Ponty aufzudecken. In einem archäologischen Rückgang muß dazu ein Blick geöffnet werden, der von den ausgesprochenen und geschriebenen Wörtern wegführt und sich zwischen den Worten als Ausdrücken in einem Geschehen einfindet. »Der Geist steht nicht mehr abseits, er keimt am Rande der Gebärden, am Rande der Wörter, wie durch eine spontane Zeugung.« (AuG, 87)

Nicht nur ist es verfehlt, einem einzelnen und isolierten Ausdruck, der nicht in einer Beziehung der Differenz zu anderen Ausdrücken steht, einen an sich seienden Sinn zuzuschreiben, ebenso abwegig erscheint es Merleau-Ponty, einem geschlossenen Werk – z.B. einem Kunstwerk oder philosophischen System – im voraus einen an sich seienden Gesamtsinn zu unterstellen. Dies soll nicht heißen, daß es keinen Gesamtsinn geben kann, es heißt, daß dieser nicht im vorhinein in einem Jenseits existiert, um nachträglich ausgedrückt zu werden. Der Gesamtsinn ist besser als Stil zu beschreiben. (AuG, 189) Ein Werk besteht nicht aus dem Inhalt *und* seinem Stil, das Werk läßt sich nur erfassen über seinen Stil. (AuG, 129-137) Der Stil, der niemals ein bloßes Darstellungsmittel sein kann, ist es, der dem Werk seine Einheit gewährt, seine Lesbarkeit gestattet und die Rede von einem Gesamtsinn erlaubt. Der Stil existiert nicht vor dem

Werk, er drückt sich darin aus, und er realisiert sich im Prozeß des Sprechens oder Malens.

Merleau-Ponty vollzieht eine Blickwende von der Ordnung der Ereignisse zu der Ordnung des Ausdrucks (AuG, 146), um jenen Rändern nahezukommen, an denen ein ursprünglicher, noch latenter Sinn sich finden läßt. Diese neue Sicht aber konstruiert keine andersartige Welt, es sind »*dieselben* Gegebenheiten«, die nun zum »bedeutsamen System« (AuG, 146) werden. Merleau-Ponty schaut nicht einseitig auf isolierte Ereignisse, er betrachtet und beschreibt auch die Zwischenräume; und er versteht die Sprache als ein sich ausdifferenzierendes Sprechen, »so wie der Maler sein Gemälde gestaltet durch das, was er aufzeichnet, wie durch die weißen Flecken, die er ausspart, und durch die Pinselstriche, die er nicht setzt« (Prosa, 65).

Die Ordnung des Ausdrucks darf nicht mißverstanden werden als ein geordnetes System, das gänzlich transparent und kristallklar abgeleitet werden könnte, wie sich etwa ein Ereignis aus einem anderen ableiten läßt. Die Ordnung des Ausdrucks artikuliert sich in Paradoxien, sie zeigt sich in Übergängen, nicht in Schlüssen. Wenn es um die Sprache oder den Leib geht, »so kann man – will man nicht zerstören, was man zu verstehen sucht [...] – nur das Paradox des Ausdrucks sichtbar werden lassen« (Prosa, 130 f.).

Indem Merleau-Ponty von dem Ausdruck als einem Ausdrucksgeschehen, einem schöpferischen Ausdruck (Prosa, 89), ausgeht und ihn im Anschluß an Saussure in diakritischer Methode als Differenzierungsprozeß faßt, kann der Ausdruck nicht mehr als »Mittel im Dienst eines äußeren Zwecks« (AuG, 165) in Betracht kommen. Wäre der Ausdruck ein Mittel, so müßte es etwas geben, was dieses Mittel handhaben kann. Doch der Ausdruck genügt sich selbst, da er schöpferisch ist. »Der Augenblick des Ausdrucks ist genau der, wo die Beziehung sich umkehrt, wo das Buch vom Leser Besitz ergreift. Die gesprochene Sprache, das ist jene, die der Leser mitbrachte, es ist die Menge der Bezüge zwischen etablierten Zeichen und verfügbaren Bedeutungen, ohne die er seine Lektüre erst gar nicht hätte anfangen können [...]. Die sprechende Sprache aber ist jene Aufforderung, die das Buch an den unvorbereiteten Leser richtet; es ist jener Vorgang, durch den sich eine gewisse Anordnung von Zeichen und schon verfügbaren Bedeutungen verändert und umformt, bis ein jedes schließlich eine neue Bedeutung aussondert.« (Prosa, 36)

Der Ausdruck kann auch keine direkt abbildende Übersetzung eines vorgeblichen und transzendenten Texts oder Sinns sein; die »Vorstellung von einem *vollständigen* Ausdruck« (AuG, 117) ist unsinnig. Gleichwohl heißt dies nicht, daß der Ausdruck nicht etwas ausdrücke. Der Ausdruck drückt dasjenige aus, was sich ihm im Ausdrücken als Differenzierungsprozeß allererst erschließt. Weder dupliziert der Ausdruck einen vorliegenden Text, noch konstruiert der Ausdruck das, als dessen Übersetzung er angesehen wird. Er schafft sich in seiner Übersetzung den Text, den er ausdrückt, der ihm aber bereits im Ausdrücken zugrunde liegt. Überdies löst sich das Ausdrücken in seinem Tun von schon vorhandenen Ausdrücken, die gleichwohl das Geschehen erst möglich machen. »Sich auszudrücken, das ist also ein paradoxes Unterfangen, da es einerseits einen Hintergrund verwandter, schon festliegender und unbestrittener Ausdrücke voraussetzt und da sich andererseits die jeweils gebrauchte Figur von diesem Grund abhebt und so neuartig bleibt, daß sie Aufmerksamkeit weckt.« (Prosa, 57) Diese Paradoxien des Ausdrucks pflanzen sich fort in der Paradoxie von der Vorgängigkeit und der Nachträglichkeit des Ausdrucks. Der Ausdruck scheint dem Auszudrückenden nachzufolgen und dem Ausgedrückten entgegenzustreben. Doch der Ausdruck ist selbst schöpferisch; er geht sich selbst voraus, indem er das Auszudrückende erst sichtbar werden läßt, dieses aber kann nur nachträglich wieder im Ausdruck faßbar werden. Das Ausdrucksgeschehen ist diejenige Instanz, die beide Dimensionen zum Verständnis bringt.

Zudem gibt es einen »Überschuß« des Ausdrucks gegenüber dem Ausgedrückten, wie es auch einen »Überschuß« des Auszudrückenden gegenüber dem Ausdruck gibt: »Was wir *sagen wollen*, haben wir nicht außerhalb des Wortes als reine Bedeutung vor uns. Es ist nur der Überschuß dessen, was wir erleben, gegenüber dem, was schon gesagt worden ist.« (AuG, 174) Gesprächsprotokollen fehlt beispielsweise dieser Sinnüberschuß, »den die Gesten, die Physiognomien, vor allem aber die Evidenz eines abrollenden Ereignisses, einer fortlaufenden Erfindung und Improvisation dem Gespräch verleihen« (Prosa, 86).

In vielfältigen Anläufen beschreibt Merleau-Ponty die Paradoxien des Ausdrucks. Der Ausdruck als Ausdrucksgeschehen entzieht sich den Ordnungen klassischer Analyse, er ist geradezu wörtlich außer-ordentlich. Getragen werden die Beschreibungen durch die Dynamisierung des Ausdrucks – Merleau-Ponty handelt über den *schöpferischen Ausdruck*. Dieser kann sich nur adäquat beschreiben lassen, begreift man ihn als eine Differenzierungsleistung, die sich gegenüber anderen Ausdrucksgeschehen, aber auch bereits Ausgedrücktem absetzt. Daß das Ausdrucksgeschehen mehr ist als eine schlichte Übersetzung, daß es ein Mehr involviert, das sich immer wieder entzieht und das gleichzeitig auch stets neu zu integrieren ist, verweist auf die Kernthese dieser Überlegungen. Sinn *ist* nicht hier oder dort, Sinn *wird*, und die Sinngenesis ist »niemals abgeschlossen« (AuG, 114).

Merleau-Ponty bricht die Arbeit an der *Prosa der Welt* ab. Seine Überlegungen fließen z.T. in andere Schriften ein, letztlich aber bilden sie nur eine Etappe seines Denkweges. Sein Ziel, den Logos der bisher stumm gebliebenen Welt zur Sprache zu bringen (AuG, 109), läßt sich nicht allein mit einer Analyse des Ausdrucks erreichen. Die archäologische Denkbewegung muß einen weiteren Schritt hin zu einer Besinnung vollziehen, die das Ausdrucksgeschehen tiefer in die Welt und das Sein verlegt.

Merleau-Ponty stellte bislang nur eine Archäologie des Ausdrucks vor, die den Ausdruck als Differenzierungsgeschehen entfaltet; die archäologische Arbeit hat jedoch die Welt als Weltwerden zu entdecken, um den Logos der stumm gebliebenen Welt zu begreifen. Die Denkbewegung blieb gleichsam an den Rändern der Worte und Farbflecken hängen, ohne wahrhaft zu dem Sein der Lebenswelt und zu der Sichtbarkeit der Dinge vorzudringen. In den letzten Jahren seines Lebens hat Merleau-Ponty dieses Projekt einer Ontologie in Angriff genommen.

5. Ontologie des wilden Seins

»Uns kommt es [...] darauf an, den Seinssinn der Welt zu erfassen; im Hinblick auf diesen Sinn dürfen wir nichts voraussetzen, weder die naive Vorstellung eines Seins an sich, noch die entsprechende Idee eines Seins der Vorstellung, eines Seins für das Bewußtsein, eines Seins für den Menschen: wir müssen diese Begriffe allesamt im Hinblick auf unsere Erfahrung der Welt und im gleichen Hinblick auf das Sein der Welt neu überdenken.« (SuU, 21) Wie sich Merleau-Ponty seine Ontologie vorgestellt hat, ist im einzelnen nicht leicht zu ermitteln. Sein letzter und imposanter Aufsatz, *Das Auge und der Geist* (AuG, 275-317), worin im Ausgang vom Phänomen der Sichtbarkeit in der Malerei eine Ontologie entwickelt wird, arbeitet mit Teilen seines neuen Gedankenguts, das jedoch von ihm nicht vollständig expliziert wurde. Das Nachlaßstück *Das Sichtbare und das Unsichtbare* blieb Fragment, seine Arbeitsnotizen aus jener Zeit offerieren Ideen, Ansätze und Hinweise, jedoch nur wenige vollständig ausgeführte Analysen und Beschreibungen. Und dennoch, die durch Merleau-Pontys Tod abrupt unterbrochene metaphysische Besinnung läßt sich zumindest in ihren Grundzügen rekonstruieren, und sie fügt sich in die Gedankenbewegung des französischen Phänomenologen ein.

In seinen letzten Lebensjahren legt Merleau-Ponty die Fundamente seines Philosophierens noch einmal tiefer: Er wagt sich an eine Metaphysik, und er spricht von der »Notwendigkeit einer Rückkehr zur Ontologie« (SuU, 215). Bereits in seinem

Aufsatz *Der Philosoph und sein Schatten* plädiert er dafür, daß »das natürliche Sein« »nicht außerhalb der Phänomenologie bleiben« kann, sondern »in ihr selbst seinen Platz finden« muß (AuG, 270). Denn es sei die »letzte Aufgabe der Phänomenologie des Bewußtseins, ihren Bezug zur Nicht-Philosophie zu verstehen« (AuG, 270). Zwar kritisiert die Phänomenologie die »natürliche Einstellung«, doch gleichzeitig hat sie »mehr als jede andere Philosophie« getan, »sie zu rehabilitieren« (Natur, 110). Hier schon wird deutlich, daß Merleau-Ponty eine Metaphysik neuen Stils in Angriff nimmt. Das Sein des Seienden – die ehrwürdige Beunruhigung der Metaphysik – ist ihm Herausforderung, die Lösungen der Philosophiegeschichte gelten ihm jedoch als Überforderung, insbesondere als Überforderungen der Reflexion gegenüber einem absoluten Sein. Merleau-Ponty denkt an eine Metaphysik, die »nicht ein Gebilde zusammenhangloser Ideen« ist, »für die man induktive Begründungen in der Empirie zu suchen hätte« (AuG, 301). Auch möchte er nicht etwa die Existenz der Welt beweisen (SuU, 130), wie er sich ebenso den Kategorien von Subjekt und Objekt verweigert (SuU, 41), die als Subjekt-Sein oder Objekt-Sein mögliche Seinskandidaten einer Ontologie darstellen könnten. Schließlich gilt ihm eine »direkte Ontologie«, die einen unmittelbaren Bezug zum Sein des Seienden anstrebt, als ein Projekt, das nicht durchzuführen ist. (SuU, 116, 233) Einzig eine philosophische Methode, die dem Sein *im* Seienden wie eine »negative Theologie« (SuU, 233) auf indirektem Wege nachspürt, ist anwendbar.

Merleau-Ponty bleibt der phänomenologischen Methode treu. Unter der Führung phänomenologischen Philosophierens begibt er sich auf die Suche nach einem Sein, das nicht in einem Jenseits versteckt liegt oder von einem allein um das Sein wissenden Ich beherrscht wird. Er konzipiert eine Metaphysik, die von Husserls späten Lebensweltanalysen ausgeht, sich in den Erfahrungen des natürlichen, vortheoretischen Lebens einnistet und Heideggers Frage nach dem *Sinn* von Sein ernst nimmt. Merleau-Ponty geht von Husserl aus, ohne aber bei Heidegger anzukommen. Letzterer, so distanziert sich Merleau-Ponty diskret von dem deutschen Seinsinterpreten und dessen in eine Trennung mündender Differenzierung zwischen Sein und Seiendem, hat »stets einen unmittelbaren Ausdruck des Fundamentalen gesucht, wo er doch die Unmöglichkeit desselben aufweisen wollte und jeweils alle Scheinbilder des Seins abgelehnt hat« (Vorl., 117). Merleau-Ponty sucht nach einem Sein, das dem natürlichen Leben nicht fremd ist, das ihm aber verborgen bleibt, weil es ein Medium des natürlichen Lebens selbst ist; er sucht ein »ontologisches Milieu, das ein anderes als das des An-sich ist und das also, der konstitutiven Ordnung nach, nicht aus diesem hergeleitet werden kann« (AuG, 249). Er stellt der Philosophie wieder eine einfache Aufgabe, deren Einfachheit jedoch durch die Tradition der Metaphysik verstellt wird. Und diese Aufgabe besteht schlicht darin, sich »in ein vorausgehendes ›Es gibt‹« (AuG, 277) zurückzuversetzen und dort, auf dem Boden der wahrnehmbaren Welt, den noch »rohen Sinn« zu erfassen, »von dem das produzierende Denken nichts wissen will« (AuG, 277).

Es ist also Vorsicht geboten, spricht man bei Merleau-Ponty davon, daß er die Grundlagen seines Philosophierens in einer Metaphysik freilegt. Die absteigende Bewegung der metaphysischen Frage nach dem Sein des Seienden heißt bei Merleau-Ponty nicht, daß die Lösung dieser Frage in einem Unten zu suchen ist. Die grundlegende Frage führt ihn zu einem Grund, der nicht unten oder oben, diesseits oder jenseits liegt, sondern in der Mitte (SuU, 216) – die Frage führt ihn zu einem Seinssinn im Seienden, zu einem Sein in der Lebenswelt.

Merleau-Pontys Rede von einer Mitte, einem Medium, einer Dimension, einem Zwischen und schließlich auch sein Ausdruck »Intra-Ontologie« (SuU, 286) bergen die Gefahr, mißverstanden zu werden. Das Medium verbindet nicht etwa ein A mit einem B, wie z.B. das Radio als Medium den Sender mit dem Empfänger verbindet; das Zwischen bedeutet nicht ein räumliches Zwischen, wie etwa der Ärmelkanal zwischen Frankreich und England liegt. Merleau-Ponty spricht metaphorisch, und er versucht mit diesen Ausdrücken, die ontologische Atmosphäre, das ontologische Medium, den Seinssinn der Welt einzufangen, die dem natürlichen Leben eignen, wenn es alltäglich in der Welt ist, von ihr weiß und *zugleich* um ihre Distanz weiß.[101] Merleau-Ponty behandelt die »Öffnung zur Welt« (SuU, 57), eine verschwiegene Beziehung zur Welt, die zeigt, daß etwas ist und nicht vielmehr nichts. Und hier kommt der Malerei eine bevorzugte Rolle zu. Denn an ihr läßt sich geradezu paradigmatisch zeigen, wie das »Zwischen« zu begreifen ist, nämlich als eine Verwandlung, eine Transsubstantiation der Sichtbarkeit, worin »sich das Sehen aus der Mitte der Dinge heraus vollzieht oder ereignet« (AuG, 278, 280).

Mit diesem Ansatz einer phänomenologischen Ontologie, die sich zwischen Husserl und Heidegger situiert, verfolgt er ein Anliegen, dem auch Eugen Fink – einer der wichtigsten Gewährsmänner phänomenologischen Philosophierens für Merleau-Ponty – in einer Vorlesung im Wintersemester 1955/56 an der Universität Freiburg nachgeht. Fink veröffentlicht seinen Text 1958 unter dem Titel *Sein, Wahrheit, Welt* als ersten Band der Reihe *Phaenomenologica.*[102] Merleau-Ponty war zu jener Zeit Mitglied des Redaktionskomitees der Reihe, und es steht zu vermuten, daß die Finksche Abhandlung nicht unwesentlich die Gedankengänge Merleau-Pontys beeinflußte. Auch Fink spricht davon, daß die Philosophie als »fragendes Denken« sich selbst zu befragen habe[103], daß die »Träume einer absoluten Metaphysik [...] ausgeträumt sind«[104] und daß es darauf ankomme, das »absolute Medium« des Erscheinens von Seiendem zu untersuchen.[105] Schließlich formuliert er die Intention einer neuen Metaphysik, die Merleau-Ponty ebenso in seinen letzten Schriften umtreibt: »Solange die Bewegung des Erscheinens im vorstellenden *Menschending* oder als ›Aufgehen‹ *in allen* Dingen verankert wird, sind ›Wahrheit‹ und ›Welt‹ *Folgen und Ergebnisse* des Erscheinens. Es kommt alles darauf an, gerade *umgekehrt* das Erscheinen von Seiendem und seine Wahrheit aus dem raumgebenden und zeitlassenden Walten der Welt zu begreifen.«[106]

Merleau-Ponty bezieht sich jedoch nicht direkt auf den Finkschen Text, obwohl er ihm nicht nur dem Anliegen nach verwandt ist. Die Auseinandersetzung mit eigenen Arbeiten und Motiven des bereits zurückgelegten Denkwegs steht bei Merleau-Ponty im Vordergrund. Hart geht er mit der *Phänomenologie der Wahrnehmung* ins Gericht. Es ist insbesondere der letzte Teil, die Phänomenologie der Phänomenologie, den er kritisiert und mittels »einer ontologischen Auslegung« zu fundieren sucht. (SuU, 237) So bezweifelt er, daß die Probleme, die er in der *Phänomenologie der Wahrnehmung* aufgedeckt hat, in diesem Werk gelöst wurden, da er 1945 »von der Unterscheidung ›Bewußtsein‹ – ›Objekt‹« ausgegangen sei (SuU, 257) und somit »die Philosophie des ›Bewußtseins‹ teilweise beibehalten« (SuU, 237) habe. Auch erscheint ihm das schweigende Cogito der frühen Analysen als »unmöglich« (SuU, 222), da kein Zusammenhang zwischen dem Schweigen und der Rede hergestellt worden sei (SuU, 228).

Dunkel blieb demnach gerade dasjenige, was Merleau-Ponty im Anschluß an Husserl zeigen wollte, wie nämlich die »noch stumme Erfahrung [...] zur reinen Aussprache ihres eigenen Sinnes zu bringen ist« (SuU, 171). Weder in der *Phänomenologie der Wahrnehmung* noch auch in seinen Ausdrucksanalysen wurde – der Selbstkritik Merleau-Pontys nach – dieses Ziel erreicht. Wenngleich der Philosoph »das rohe Sehen« außer Kraft setzt, »um es in die Ordnung des Ausgedrückten übergehen zu lassen: das rohe Sehen selbst bleibt sein Modell oder sein Maßstab, auf dieses hin muß die Philosophie ihr Bedeutungsnetz ausbreiten, das sie entwirft, um dieses Sehen einzufangen« (SuU, 58).

Merleau-Ponty breitet wieder seine Netze aus wie schon in der *Phänomenologie der Wahrnehmung.* (PdW, 12) Doch die Netze des Philosophen fangen nicht die Fische, sondern suchen das Medium einzufangen, das es den Fischen ermöglicht, sich in ihrer Welt zu bewegen. Merleau-Ponty versucht, den Seinssinn der Welt als ontologisches Medium aus dem alltäglichen, natürlichen Weltverständnis heraus zu extrahieren. Dementsprechend kehren fast alle Motive seines Denkens in abgewandelter, tiefgründiger Form in seinen letzten Überlegungen wieder. Vehement wendet er sich gegen Philosophien der bloßen Reflexion und Konstruktion. Er diagnostiziert eine »Künstlichkeit« (AuG, 276) in den Wissenschaften, die nie die Grundlage ihrer Konstruktionen, den natürlichen Glauben an eine Welt und dessen »Dunkelheiten« (SuU, 32), aufklären kann. »Die Wissenschaft experimentiert mit den Dingen und verzichtet darauf, ihnen beizuwohnen.« (AuG, 275) Merleau-Ponty sieht sich »vagabundierenden« Theorien gegenübergestellt, die von einer Wissenschaft zur anderen ziehen, ohne den Grund ihrer Entstehung noch zu beachten. Und kritisch fügt er hinzu: »Niemals ist die Wissenschaft so empfänglich für intellektuelle Moden gewesen wie heute.« (AuG, 276) Doch Merleau-Ponty ist auch hier kein Phantast. Er wendet sich nicht gegen die Wissenschaften in ihrer Praxis, sondern gegen eine selbstvergessene Deutung derselben, die darin mündet, den Gegenständen der Wissenschaften ein Seinsmonopol zuzusprechen. Eine Philosophie, die sich dem widersetzt, die den »Dunkelheiten« unserer Erfahrungen nachpürt, dies aber ausschließlich in einer geradlinigen Reflexion zu erreichen sucht, »erhellt alles außer ihrer eigenen Rolle« (SuU, 54). Die Reflexion, die sich nicht selbst reflektiert, die nicht selbst ihre Ursprünge bedenkt, nährt »sich in jedem Augenblick von der vorgängigen Gegenwart der Welt, der sie tributpflichtig ist und aus der sie ihre ganze Energie bezieht« (SuU, 55). Der Nährboden der Wissenschaften und der Philosophie entzieht sich dem reflexiven Gedankengang so lange, bis »unterhalb der Reflexion und sozusagen *vor den Augen* des reflektierenden Philosophen die Glaubensgründe« aufgewiesen werden, die der Reflexionsphilosoph »in seinen Gedanken und diesseits der Welt sucht« (SuU, 76).

Denjenigen, die der Reflexionsphilosophie gegenüber dem – z.T. berechtigten – »Zauber des negativen Denkens« (SuU, 120) verfallen, dem Sein das Nichts voranstellen und das Sein vor dem Hintergrund des Nichts zu fassen trachten, möchte Merleau-Ponty ebenfalls nicht folgen: »Unser Ausgangspunkt wird nicht sein: *das Sein ist, das Nichts ist nicht* – und nicht einmal: *es gibt nur Sein* – das sind Formulierungen eines totalisierenden, eines überfliegenden Denkens –, sondern: es gibt Seiendes, es gibt Welt, es gibt *etwas*.« (SuU, 121) Eine Metaphysik, die auf das Nichts aufbaut, ruht auf sehr schwachem Fundament, da das Nichts – wie auch das reine Sein – »immer *anderswo* ist« (SuU, 252). Das Sein Merleau-Pontys folgt gleichsam dem Prinzip des Horror vacui, »was es gibt, sind Welten und eine Welt und ein Sein [...] als Unmöglichkeit des Nicht-Sinnes oder der ontologischen Leere« (SuU, 156).

Eine direkte Metaphysik des Seins, eine »Negintuition des Nichts« (SuU, 87) resp. eine Philosophie der Negativität wie auch eine naive Form der Reflexionsphilosophie vermögen nicht das zu fassen, was Merleau-Ponty aufdecken möchte, das ontologische Medium, den Seinssinn innerhalb der Lebenswelt.

Zwar weiß Merleau-Ponty um seinen Ansatzpunkt, die natürliche Einstellung vor jeder reflexiven Verunstaltung, doch wie sich diesem fragilen Gebilde zu nähern ist, bedarf einiger Überlegungen. Ausgezeichnet ist die natürliche Einstellung dadurch, daß sie eine »höhere Wahrheit« (AuG, 248) enthält. Im Gegensatz zu Husserl – zumindest dem Husserl der *Ideen* – deutet Merleau-Ponty die natürliche Einstellung nicht so, daß auf dieser vorreflexiven Stufe der Mensch sich Dingen oder Sachen in einem objektiven Sinne gegenübergestellt sieht, also bereits ein Hiatus zwischen Ich und Welt vorliegt.[107] Im Gegenteil, der »›natürliche‹ Mensch hält sich an die beiden Enden der Kette, er denkt *zugleich*, daß seine Wahrnehmung in die Dinge eindringt, aber auch, daß sie sich diesseits seines Körpers abspielt. Doch genauso, wie diese beiden Überzeugungen im alltäglichen Leben mühelos nebeneinander bestehen können, genauso heben sie sich gegenseitig auf und stiften Verwirrung, sobald man sie als Thesen oder Aussagen formuliert.« (SuU, 24) Um diese Verwirrung zu vermeiden, initiiert Merleau-Ponty ein faszinierendes Projekt, er versucht, die Gleichzeitigkeit zu denken – »ein Geheimnis, mit dem die Psychologen umgehen wie ein Kind mit Sprengstoff« (AuG, 313). Verdeutlichen läßt sich diese Gleichzeitigkeit im Sehen und Blicken. Das Sehen ist kein Sehen von etwas, derart, daß der Sehende das Gesehene besitzen würde oder daß zwischen beiden eine unüberbrückbare Distanz läge. Das Sehen ist beides zugleich: Es ist ein »*Habhaftwerden auf Entfernung*« (AuG, 284). »Das Sehen ist weder ein bestimmter Modus des Denkens noch eine Selbstgegenwart; es ist mein Mittel, von mir selbst abwesend zu sein, von innen her der Spaltung des Seins beizuwohnen, durch die allein ich meiner selbst inne werde.« (AuG, 311) Das Sehen lehrt, wie »einander ›äußerliche‹

und fremde Wesen dennoch durchaus *beieinander* sind« (AuG, 313); und es zeigt sich zudem, daß das Sehen sich nicht auf ein X bezieht, sondern ein Sichtbares übernimmt, dem es zum Ausdruck seines noch stummen, jedoch eigenen Sinns verhilft – »daß es dem Sichtbaren eigentümlich ist, im strengsten Sinne des Wortes durch ein Unsichtbares gedoppelt zu sein, das es als ein gewissermaßen Abwesendes gegenwärtig macht« (AuG, 313).

Eine Philosophie, die die Gleichzeitigkeit zu denken versucht, muß neue Wege beschreiten. Sie läuft stets Gefahr, das Äquilibrium der Simultanität zu zerstören, indem ein Ende der Kette zum Absolutum oder die Gleichzeitigkeit zur Identität erklärt wird. Die Philosophie kann keine Wissenschaft im positivistischen Sinne sein, »denn die Wissenschaft glaubt ihr Objekt überschauen zu können und hält die Wechselbeziehungen zwischen Wissen und Sein für gesichert« (SuU, 47). Gleichwohl ist die Philosophie kein Mysterium, kein Okkultismus und esoterisches Gerede; auch strebt Merleau-Ponty keine »Rückkehr zum Unmittelbaren an« (SuU, 162). Die Philosophie bleibt »Frage, sie befragt die Welt und das Ding, sie greift deren Kristallisation auf, wiederholt oder imitiert sie vor unseren Augen« (SuU, 136). Das Fragen der Philosophie ist kein schulmeisterliches (AuG, 286), also kein Fragen, das bereits Wissen besitzt und durch bloßes Abfragen seine Bestätigung zu erfahren sucht. »Aufs Ganze gesehen befragt die Philosophie den Wahrnehmungsglauben – aber weder erwartet sie noch erhält sie eine Antwort im gewöhnlichen Sinne, weil kein Aufweis einer unbekannten Variablen oder Invariablen diese Frage hinreichend beantworten könnte und weil die existierende Welt in Frageform existiert. Die Philosophie ist der Wahrnehmungsglaube, der sich selbst befragt.« (SuU, 139; vgl. 221)

Das philosophische Fragen richtet sich auf eine Mitte, nicht auf ein Vor, die Philosophie kehrt somit nicht etwa zu einer

Vor-Wissenschaft zurück oder degeneriert zu einem »Primitivismus«, der in einer postulierten Natürlichkeit sein Heil zu finden glaubt – der Primitivismus »ist nur das Gegenstück des Szientismus und selbst noch Szientismus« (SuU, 235 f.). Die Antworten nämlich, die Merleau-Ponty aus der Befragung der Dinge und der Welt *innerhalb* der natürlichen Einstellung erhält, »liegen oberhalb der ›Tatsachen‹ und unterhalb der ›Wesenheiten‹ im wilden Sein« (SuU, 161), in den noch rohen und zugleich wilden Bedeutungen der Lebenswelt.

Ist die Philosophie notwendig sprachlich verfaßt, so heißt dies nicht, daß sie einem Lexikon gleich sich nur für die Wortbedeutungen interessierte; »sie sucht nicht nach einem verbalen Substitut für die Welt, die wir sehen, sie verwandelt diese nicht in etwas Gesagtes, sie richtet sich nicht in die Ordnung des Gesagten oder Geschriebenen ein wie der Logiker in der Aussage, wie der Dichter im lebendigen Wort oder der Musiker in der Musik. Sie setzt sich zum Ziel, den Dingen selbst aus der Tiefe ihres Schweigens zum Ausdruck zu verhelfen.« (SuU, 18)

Merleau-Ponty verfaßt eine Ontologie, und er nähert sich dem Sein im Seienden mittels einer hermeneutischen Methode. Die Philosophie ist weniger Zweifel und Analyse als Enthüllung und Auslegung. (SuU, 148) Es handelt sich um eine fragende Philosophie, die sich etwas sagen läßt, die die Welt und die Dinge sprechen läßt, nicht um eine Bestätigung eines transparenten Wissens in den Antworten zu finden, sondern weil sie um die Gewißheit weiß, daß es Antworten geben kann – Antworten, die aus der Lebenswelt stammen.

Die Bedeutungen und Wesenheiten des enthüllenden Philosophierens genügen sich nicht selbst, sie sind einem »rohen Sein abgewonnen, wo das, was unseren Wesenheiten und unseren Bedeutungen entspricht, im noch wilden Zustand wiederzufinden ist« (SuU, 148). Nicht der »Blick eines Adlers« (SuU, 109), der die Welt souverän überfliegt, ist das Geschäft Merleau-Pontys. Er läßt aus der natürlichen Einstellung heraus die Dinge sprechen und beobachtet, wie sich Subjektivität und Objektivität, Ich und Welt in diesem Gespräch entwickeln, immer im Dialog miteinander bleiben, sich überschreiten und sich gegeneinander ausdifferenzieren.

Seine Ontologie bewegt sich in gedoppelten Dispositionen, in der Sichtbarkeit resp. Unsichtbarkeit der Dinge und in der Sprechbarkeit resp. Verschwiegenheit der Welt. Die Dispositionen begründen das Sehen, das Sprechen und das Ansprechen wie auch das Berühren. Daß derartiges letztlich möglich ist, liegt an der »fleischlichen« Verfaßtheit der Welt und des Menschen; es gründet in dem einen Stoff, aus dem die Welt und der Mensch bestehen: dem Fleisch (chair).

Merleau-Ponty radikalisiert Husserls Diktum, daß »jede originär gebende Anschauung eine Rechtsquelle der Erkenntnis sei, daß alles, was sich uns in der ›Intuition‹ originär, (sozusagen in seiner leibhaftigen [!] Wirklichkeit) darbietet, einfach hinzunehmen sei, als was es sich gibt, aber auch nur in den Schranken, in denen es sich da gibt«[108]. Dazu Merleau-Ponty: »Sagt man, daß die wahrgenommene Sache *leibhaftig* erfaßt wird, so ist dies wörtlich zu nehmen: das *Fleisch* (chair) des Sinnlichen, jene dichte Körnigkeit, die das Erkunden beendet, jenes Optimum, das es abschließt, spiegeln meine eigene *Inkarnation* wider und bilden ihr Gegenstück.« (AuG, 254) Merleau-Ponty nimmt Husserl beim Wort. Es sind keine abstrakten Dinge, die sich dem Phänomenologen präsentieren, und der Philosoph kann nur Seiendes thematisieren, weil er selbst die Seinsverfassung des Seienden teilt. Daß es überhaupt eine Repräsentierbarkeit von etwas geben kann, liegt in der fleischlichen Verfaßtheit der Welt und des Menschen begründet. (SuU, 177) Nur am Rande sei auf die parareligiösen Formulierungen, z.B. den Begriff der Fleischwerdung, hingewiesen. Doch Merleau-Ponty hat keine Religion begründet, allenfalls beschreibt er ein *innerweltliches* Werden von Welt und Mensch in religiösen Metaphern, freilich ohne einen Gott oder eine Transzendenz.

Und wieder muß vor Mißverständnissen gewarnt werden: Merleau-Ponty spricht vom Fleisch der Welt nicht im Sinne einer anthropologischen Weltbeschreibung, »die von all unseren Projektionen überlagert wäre und das ausklammerte, was sich hinter der menschlichen Maske zu verbergen vermag« (SuU, 179). Das Fleisch benennt ebensowenig den Geist oder eine Substanz, wie es eine »Materie im Sinne von Seinsteilchen« ist, »die sich zusammenfügen oder stetig aneinanderfügen, um Seiendes zu bilden« (SuU, 183). Das Fleisch der Welt ist kein Chaos (SuU, 192), es »hat in keiner Philosophie einen Namen« (SuU, 193). Das Fleisch ist zu verstehen als »formendes Milieu für Subjekt und Objekt« (SuU, 193). Um das Fleisch zu bezeichnen, »bedürfte es des alten Begriffes ›Element‹ in dem Sinne, wie man ihn früher benutzt hat, um vom Wasser, von der Luft, von der Erde oder vom Feuer zu sprechen, d.h. im Sinne eines *generellen Dinges*, auf halbem Wege zwischen dem raum-zeitlichen Individuum und der Idee, als eine Art inkarniertes Prinzip, das einen Seinsstil überall dort einführt, wo ein Teil davon zu finden ist. Das Fleisch ist in diesem Sinne ein ›Element‹ des Seins.« (SuU, 183 f.)

Der Ausdruck des Elements, versteht man ihn nicht im Sinne eines materiellen Atoms, sondern im Sinne eines formenden Milieus, erläutert vielleicht am ehesten diesen sinnträchtigen, darum auch mißverständlichen Begriff. Merleau-Ponty sucht sich fragend in der natürlichen Einstellung einzurichten, um den Seinssinn der Welt verstehend einzufangen. In diesem Zwischenreich ermöglicht das Fleisch als Element des Seins die Gegenwärtigkeit der Welt.

Hier bricht auch eine weitere Dimension des Fleisches auf. Das Fleisch ist nicht etwa nur Element des weltlichen Seins, das Fleisch ist ein Element des Seins schlechthin. Und das heißt, daß »mein Leib [...] aus demselben Fleisch gemacht« ist »wie die Welt [...], und dieses Fleisch meines Leibes wird zudem von der Welt geteilt, diese *strahlt es zurück*, greift auf es über, und es greift über auf sie« (SuU, 313).

Merleau-Ponty rekurriert immer wieder auf das Husserlsche Beispiel, daß im Eigenleib die linke Hand die rechte Hand berühren kann und umgekehrt, den paradigmatischen Fall der Einheit und Differenz von Subjektivität und Objektivität. (SuU, 24) Wie der Leib zu sich selbst in einer Beziehung des Ergreifens und Ergriffenwerdens steht, er also »gleichsam um die Wahrnehmung herum gebaut« ist (SuU, 24), so steht er auch gegenüber der Welt und den Anderen in einer Beziehung des Übergriffs, Ausgriffs und Austauschs, die das Fleisch vermittelt. Merleau-Ponty nennt diese umkehrbare Beziehung in Anlehnung an Valéry »Chiasma« (AuG, 82), also Kreuzstellung: Das Fleisch »ist das Einrollen des Sichtbaren in den sehenden Leib, des Berührbaren in den berührenden Leib, das sich vor allem dann bezeugt, wenn der Leib sich selbst sieht und sich selbst berührt, während er gerade dabei ist, die Dinge zu sehen und zu berühren, so daß er gleichzeitig *als* berührbarer zu ihnen hinabsteigt und sie *als* berührender alle beherrscht und diesen Bezug wie auch jenen Doppelbezug durch Aufklaffen oder Spaltung seiner eigenen Masse aus sich selbst hervorholt« (SuU, 191).

Der Leib ist offen zur Welt, weil der Leib aus demselben Stoff ist wie die Welt – »Fleisch, das auf Fleisch antwortet« (SuU, 267). Und aus diesem Grund ist er auch als berührender und berührter Leib »das einzige Mittel, das ich habe, um mitten unter die Dinge zu gelangen, indem ich mich Welt und sie Fleisch werden lasse« (SuU, 178). Die »Reversibilität« des Berüh renden mit dem Berührten ist aber eine stets verfehlte Identität. (SuU, 341)

Merleau-Pontys Ausführungen sind wohlgemerkt *Ansätze* einer neuen Ontologie. Sie sind schwierig zu rekonstruieren, und sie lassen einige Fragen offen. Voreilig wäre es allerdings, die Schwierigkeiten allzuschnell auf die bildliche Rede Merleau-Pontys abzuwälzen. Der französische Phänomenologe arbeitet mit Ausdrücken, in denen sich die abwärtsgerichtete metaphysische Frage mit dem Zwischenreich des ontologischen Mediums, das er erhellen möchte, kreuzt: Das Fleisch ist in einem gewissen Sinne unterhalb des Körpers, wie es zugleich zwischen dem Leib und der Welt liegt, und im Fleisch überkreuzen sich sowohl Aktivität und Passivität wie auch Innen und Außen. Ähnlich verhält es sich mit dem »wilden Sein«. Merleau-Ponty war nicht mehr die Zeit beschieden, seine Begrifflichkeit deutlicher zu akzentuieren und zu verfeinern. Auch konnte sich sein Ansatz nicht mehr in weiteren Analysen und Beschreibungen in ausreichendem Maße bewähren. Heideggers Vorgehen, das hinsichtlich der traditionellen philosophischen Terminologie ungleich »unanständiger« ist, benötigt nicht nur viel Interpretationswillen, sondern mindestens ebensoviel freundliches Entgegenkommen – dies alles sollte man auch Merleau-Ponty nicht verwehren.

Doch fraglich bleibt, ob Merleau-Pontys Ontologie in der vorliegenden Form als Ontologie nicht einen Grad an Allgemeinheit erreicht hat, die in der schlichten, aber auch nichtssagenden Aussage »Alles was ist, ist Fleisch« münden könnte, und ob das immer wiederkehrende Beispiel von berührender und berührter Hand derart weitreichende Schlußfolgerungen zuläßt. Von dieser Kritik sind wiederum nicht die wertvollen Hinweise betroffen, die Merleau-Ponty dem Leser seines Spätwerks mit auf den Weg gibt, z.B. der Versuch einer indirekten Ontologie, die Verbindung von Phänomenologie und Ontologie, die Beschreibungen von Sehen und Blicken und schließlich die Suche nach einem Zwischenreich, aus dem heraus der Welt ebensoviel Platz eingeräumt wird wie dem traditionell überforderten Ich der modernen Philosophie. Mit Whitehead, dessen Kosmologie insbesondere diesen letzten Punkt ausarbeitet, teilt Merleau-Ponty nicht nur eine gewisse Affinität zu Leibniz' Monadologie (SuU, 282 f.); Merleau-Ponty könnte durchaus Whitehead zustimmen, wenn dieser in *Prozeß und Realität* ausführt: »Mein Prozeß, ›ich selbst zu sein‹, ist mein Entstehen aus meinem Besitz der Welt.«[109]

Verständlich wird überdies, wie Merleau-Ponty mit seinen Überlegungen das *Denken des Ursprungs* – die metaphysische Frage, die sich in das Zwischenreich der natürlichen Einstellung einfindet – mit dem *Ursprung des Denkens* – die natürliche Einstellung, aus der heraus sich die metaphysische Frage entwickelt – in eine Korrelation setzt. Und ersichtlich wird des weiteren, inwieweit er ein Ende seiner philosophischen Denkbewegung anstrebt, indem er ihren Anfängen, den Anfängen seiner eigenen Philosophie wie auch den Anfängen in der Lebenswelt, nachforscht: »Das Ende einer Philosophie ist die Erzählung ihres Anfangs.« (SuU, 230)

Nachwort: Philosophie als Philosophieren ohne Anfang und Ende

»Das Denken eines Philosophen [...] ist keine Summe
von Ideen, sondern eine Bewegung,
die eine Furche hinterläßt und ihre Zukunft
vorwegnimmt.« (Prosa, 112)

Nachdem Merleau-Ponty 1961 inmitten einer intensiven Schaffensphase plötzlich und unerwartet verstorben war, würdigte man den Philosophen nicht nur in Frankreich mit zahlreichen Nachrufen. Kurze Zeit später jedoch schien er samt seinen Schriften bereits vergessen; und dies obwohl – oder vielleicht auch weil – Alphonse de Waelhens schon 1951 eine beeindrukkende und lange Zeit wegweisende Studie zu Merleau-Ponty, *Une philosophie de l'ambiguïté*, vorlegte, die 1968 bereits die dritte Auflage erreichte und die die Philosophie Merleau-Pontys im Sinne einer Existenzphilosophie entfaltete.[110] Zwar widmete Claude Lévi-Strauss als »Fortsetzung eines Dialogs«[111] noch 1962 seine ethnologischen Studien in *La pensée sauvage* Merleau-Ponty, mit dem er bereits seit 1930 bekannt war[112], doch mit dem endgültigen Aufkommen des sogenannten Neostrukturalismus schien der Verfasser der *Phänomenologie der Wahrnehmung* und mit ihm die Phänomenologie und der Existentialismus ins philosophische Abseits gestellt.

Es war Merleau-Ponty selbst, der den Strukturbegriff in der philosophischen Diskussion benutzte, um zwischen reiner Idee und bloßem Faktum sozusagen einen »schweren Sinn« (AuG, 229) zu finden – doch ein Strukturalist war Merleau-Ponty dennoch nicht. Seine Warnung vor dem Fetisch Struktur – ein »Wort, das heute allzu häufig gebraucht wird« (AuG, 228) – wurde ebenso überhört, wie seine subtile Umbildung des Existentialismus und der Phänomenologie vielerorten unerhört blieb. Foucaults 1966 erschienene Schrift *Die Ordnung der Dinge* muß geradezu als »Kampfschrift«[113] gegen die Phänomenologie gelesen werden. Nicht mehr Husserl galt als Dreh- und Angelpunkt fruchtbaren Philosophierens, Nietzsche feierte in zahlreichen mehr oder weniger klaren Pamphleten der sechziger und siebziger Jahre in Frankreich fröhliche Urständ. Inwieweit Merleau-Ponty die Geister rief, die sich sodann gegen ihn wandten, und inwieweit Merleau-Pontys Philosophieren im Denken jener Jahre in Frankreich untergründig präsent blieb, ist eine schwierige Frage, die eine philosophiegeschichtliche Untersuchung erst noch im einzelnen zu klären hat.[114]

Die »negative Präsenz«[115] Merleau-Pontys in jener Zeit, als Phänomenologie und Existentialismus, Husserl und Sartre zu Pappfiguren und Zielscheiben eines radikalen Neuanfangs degradiert und dementsprechend mehr und mehr aus dem philosophischen Tagesgeschäft verbannt wurden, wandelt sich heute in Frankreich, in den Vereinigten Staaten und auch in Deutschland zugunsten einer positiven Wiederaufnahme der Philosophie Merleau-Pontys. Die zahlreichen Neuerscheinungen belegen dies ebenso, wie die fortschreitende Publikation bislang unveröffentlichter Manuskripte – insbesondere aus der späteren Schaffensphase Merleau-Pontys – die Konturen seiner Philosophie immer deutlicher sichtbar werden läßt. Von einer Renaissance Merleau-Pontys kann nicht mehr gesprochen werden, sein Denken ist präsent, seine Philosophie fest etabliert, und seine Wirkung in den unterschiedlichsten philosophischen Debatten der Gegenwart ist nicht zu übersehen.

Merleau-Ponty ist weder der Gegenpol noch der Wegbereiter eines Philosophierens, das die Grenzen zwischen Rationalität und Irrationalität nicht mehr erkennen wollte und das denkende wie auch philosophierende Subjekt zu eliminieren drohte; und er ist ebenfalls nicht als Vertreter des Existentialismus zu verstehen, wie dies noch lange Zeit in den Philosophielehrbüchern postuliert und in den Schlagwortverzeichnissen registriert wurde. Merleau-Ponty muß als eigenständiger Kopf begriffen werden, dessen Philosophie zwar aus vielen Quellen schöpft, dessen Denken aber weder das Ende der Phänomenologie noch den Anfang des Strukturalismus markiert. Sein Philosophieren läßt sich nicht einfach etikettieren als Philosophie der Struktur oder Phänomenologie des Leibes. Er ist ein Denker, der nicht nur die Kategorien klassischer Disziplinierung sprengt und die Grenzen der traditionellen Philosophie hin zu den Einzelwissenschaften überschreitet, er entzieht sich auch selbst fast jedem geläufigen Register. Wenn er über Psychologie handelt, so heißt dies nicht, daß er Psychologist ist; thematisiert er Fragen der Erkenntnistheorie, so ist er doch kein Erkenntnistheoretiker; schickt er sich an, eine Ontologie zu konzipieren, so hypostasiert er nie ein unzugängliches Sein jenseits des Seienden; und präferiert er schließlich die Existenz vor der Idee, so ist er doch kein Existentialist. Merleau-Ponty offeriert eine Philosophie, die sich als philosophierendes Fragen artikuliert, die die Grenzen der traditionellen Begrifflichkeit und Systematik durchbricht und die den Propheten eines letztgültigen Sinns die Ursprünge der Sinngenese und deren Unwägbarkeiten entgegenstellt.

Nicht zuletzt Alexandre Métraux, Claude Lefort und Xavier Tilliette kommt das Verdienst zu, das Andenken Merleau-Pontys über die Zeit gerettet zu haben, indem sie nicht nur Vorlesungen und Nachlaßschriften publizierten, sondern auch über Frankreich hinaus durch Ein- und Hinführungen zu Merleau-Pontys Denken den einzigartigen Philosophen nicht vergessen ließen. Im deutschen Sprachraum ist es neben Rudolf Boehm, der 1966 die *Phänomenologie der Wahrnehmung* übersetzte und der auch durch zahlreiche Artikel Merleau-Ponty hierzulande bekannt machte, insbesondere den unermüdlichen Bemühungen von Bernhard Waldenfels zu verdanken, das Denken Merleau-Pontys auf die vielfältigste Weise für den deutschen Leser zugänglich gemacht zu haben. Neben den Monographien und Aufsätzen, die Waldenfels zu Merleau-Ponty und zur französischen Philosophie der Gegenwart publiziert hat, wurden überdies unter seiner Ägide nicht nur weitere wichtige Schriften des französischen Philosophen ins Deutsche übertragen, Sammelbände zu Merleau-Ponty und der französischen Philosophie veröffentlicht, er zeichnet zudem mit Richard Grathoff für die Reihe *Übergänge* verantwortlich, in der nicht wenige akademische Arbeiten zu Merleau-Ponty und dessen Wirkung auf die Sozialwissenschaften publiziert werden.

Vorherrschend scheint gegenwärtig das Interesse an einer Applikation Merleau-Pontyschen Denkens auf Fragen der Ethik. Dies steht in einem gewissen Widerspruch zu Merleau-Pontys Philosophie selbst, da der französische Phänomenologe eine explizite Ethik nie verfaßt hat. Freilich heißt dies nicht, daß eine Ethik im Anschluß an ihn nicht möglich ist – insbesondere wenn man bedenkt, daß er selbst darauf aufmerksam macht, daß das »Wunder« einer guten Ambiguität »den Grund einer Sittenlehre« (AuG, 110) legen kann. Auch scheint sich das Interesse der Interpreten auf das spätere Denken Merleau-Pontys verlegt zu haben, also z.B. auf die *Prosa der Welt* und das *Sichtbare und das Unsichtbare*. Doch auch dabei sollte man nicht vergessen, daß die *Phänomenologie der Wahrnehmung* das systematische Hauptwerk Merleau-Pontys ist, das zum ersten durch seine Konzeption und die durchgeführten Analysen besticht und zum zweiten allererst den Code bereitstellt, das Spätwerk zu entschlüsseln. Daß neuerdings wieder die Wahrnehmungsphilosophie in das Zentrum der Untersuchungen rückt[116], kann angesichts der breiten Rezeption der Schriften Merleau-Pontys nicht mehr verwundern.

Merleau-Ponty hat keine philosophische Schule begründet. Dies liegt nicht nur daran, daß zu seinen Lebzeiten wichtige Werke noch gar nicht veröffentlicht vorlagen und er frühzeitig verstorben ist, es gründet auch in seiner Philosophie selbst, denn er gibt weniger verbindliche Antworten, die einer hörigen Gemeinde als letztgültige Weisheiten dienen könnten, als daß er ein Philosophieren vorführt, das Fragen stellt und den Grund der Fragen auslotet. In eine philosophische Beliebigkeit mündet dies wiederum nicht.

Philosophiehistorisch teilt er mit vielen seiner Zeitgenossen die Intention, die Cartesische Differenzierung zwischen »res cogitans« und »res extensa« und deren vielfältige Aus- und Umformungen nicht als Dualismen stehenzulassen, sondern sie aus ihrem Ursprung heraus umgreifen zu wollen. Indem Merleau-Ponty immer bemüht ist, möglichst nah an der faktischen Existenz zu philosophieren und der Genese des Sinns in und aus der Lebenswelt beizuwohnen, nutzt er die phänomenologische Methode Husserls unter der Hilfestellung beispielsweise von Fink und Heidegger dazu, den ungedachten Ursprüngen des Sinns nachzugehen. Mit der Unterstützung gestaltpsychologischer Forschungen entdeckt er zuerst den Leib als den Ort, der sich sinnlich-sinnstiftend in einer Welt verankert, die immer schon dessen Heimat war. Eine Phänomenologie der Phänomenologie führt ihn zu einem schweigenden Bewußtsein und der

Zeitlichkeit als Grenze des Seins und des Sinns. Im Ausdruck als schöpferischem Ausdruck versucht Merleau-Ponty dann, die teilweise noch disparaten Momente aus einem Geschehen heraus zu verstehen, um schließlich in seinen letzten Manuskripten eine Ontologie zu entwickeln, die dem Welt- und Subjektwerden beiwohnt und das Fleisch als Element dieses Prozesses ausmacht.

Nicht zuletzt seine späten Gedankengänge verweisen auch auf neuere Überlegungen, wie sie etwa von Niklas Luhmann vorgestellt wurden. Wenn dieser sich etwa fragt, ob es im Falle der Husserlschen Philosophie möglich ist, »das Bewußtsein als Medium der Bildung wegzulassen und trotzdem die von Husserl entdeckte Struktur beizubehalten«, um ein »autologisches« Theoriekonzept vorzustellen, worin es um die »theoretische Wiederbeschreibung der Wiederbeschreibung von Beschreibungen«[117] geht, so fühlt man sich – trotz der Luhmannschen Sprache – an das Vorhaben Merleau-Pontys erinnert, das dieser als eine »schwindelerregende«, gleichwohl »strenge« Idee mit folgenden Worten formulierte: »Wir müssen uns ein Labyrinth spontaner Schritte vorstellen, die sich aufnehmen, die sich manchmal überschneiden und bestätigen, aber auf wieviel Umwegen und durch welchen Wust von Unordnung hindurch – das heißt, wir müssen begreifen, daß das ganze Unternehmen auf sich selbst beruht.« (AuC, 96) Doch auch hier müssen zukünftige Forschungen neben der »Anschlußfähigkeit« von Phänomenologie und Systemtheorie ebenso die z.T. offenkundigen, z.T. verborgenen Differenzen aufweisen.

Es ist ein wahrhaft beeindruckendes Projekt, das Merleau-Ponty vorlegt. Bis auf die Ethik umspannt sein denkerisches Unterfangen fast alle philosophischen Disziplinen, also etwa die Erkenntnistheorie, die Ästhetik, die Sprachphilosophie, die Philosophie der Psychologie, die politische Philosophie oder die

Metaphysik. Es nimmt nicht wunder, daß bei einem derart weitgefächerten Interessengebiet, das von der Literatur und der Malerei über die diversen Spielarten der Psychologie bis hin zur Psychoanalyse reicht, das Kant und Descartes aufgreift, Leibniz, Hegel, Marx und Bergson nicht unbedacht läßt, systematische Fragen unbeantwortet bleiben. Zu fragen ist nicht nur, ob Merleau-Pontys Sprachstil an manchen Stellen in metaphorischen Andeutungen steckenbleibt, die durchaus unterschiedliche Interpretationen zulassen, fraglich bleibt des weiteren, ob er das Ziel seiner Untersuchungen je erreicht hat, ein Philosophieren aus dem Zwischenreich heraus zu entwickeln, das keine passive Übernahme einer Vorwelt ist. Überdies bleiben einzelne Begriffe wie etwa derjenige der »Ambiguität« mißverständlich, während andere Ausdrücke wie etwa »schweigendes Cogito«, »Fleisch« oder »wildes Sein« zu blinden Assoziationen geradezu einladen.

Und dennoch, so problematisch nicht wenige Fragestellungen und Lösungsansätze im Denken Merleau-Pontys sind, so fruchtbar sind seine Anregungen. Nicht zuletzt ist es sein Verdienst, gegenüber den vielfältigen Versuchen der Sinn*bestimmung* im 20. Jahrhundert die *Bestimmbarkeit* von Sinn aufgewiesen zu haben. Er sucht nicht etwa hier oder dort Sinn, er postuliert keinen letztgültigen Sinn, er patentiert nicht die einzige und richtige Methode der Sinnanalyse, er stellt vielmehr die *Frage nach dem Sinn*, und er entdeckt in der *Fraglichkeit des Sinns* den Sinn als Bestimmbares, d.h. er entdeckt allererst die Sinnfrage als das Thema der Philosophie.

Insofern lehrt er ein Philosophieren, das die Frage nach dem Sinn nicht nur stellt, sondern in der Fraglichkeit des Sinns diejenige Instanz aufzeigt, die einen Anfang des Philosophierens und ein Ende der Philosophie als äußerst problematische Topoi entlarvt. Aus der natürlichen Einstellung heraus und in der Lebenswelt generiert sich Sinn, und auf diese ist auch der konstituierte Sinn zu beziehen. Merleau-Ponty kennt keinen absoluten und letztgültigen Anfang des Philosophierens, wie er auch zeigt, daß es kein Ende der Philosophie geben kann, da überall die Frage nach dem Sinn aufbrechen kann und die Fraglichkeit des Sinns niemals endgültig in einer letztverbindlichen und transparenten Antwort zum Stillstand kommt: »unmöglich zu sagen, daß an einer bestimmten Stelle die Natur ende und der Mensch oder der Ausdruck beginne« (AuG, 41).

In der Erzählung ihres Anfangs muß eine Philosophie, die ein Ende sucht, münden. (SuU, 230) Doch weder das Ende noch der Anfang lassen sich fixieren, der Zirkularität von Anfang und Ende ist nicht zu entrinnen, sie ist zu verstehen und auszulegen.

Anhang

Anmerkungen

1 Max Scheler, Die Stellung des Menschen im Kosmos (1928), in: ders., Gesammelte Werke, Bd. 9: Späte Schriften, hrsg. von Manfred S. Frings, Bern/München 1976, S. 11.

2 Ludwig Wittgenstein, Bemerkungen über die Philosophie der Psychologie, Bd. 2, in: ders., Werkausgabe, Bd. 7, 5. Aufl., Frankfurt/M. 1991, § 170. Vgl. Michel Ter Hark, Beyond the Inner and the Outer. Wittgenstein's Philosophy of Psychology, Dordrecht/Boston/London 1990.

3 Gilbert Ryle, Der Begriff des Geistes (1949), übers. von Kurt Baier, Stuttgart 1992, S. 7 ff.

4 Hans Joachim Störig, Kleine Weltgeschichte der Philosophie, Bd. 2, Stuttgart 1976, S. 225; vgl. auch I.M. Bochenski, Europäische Philosophie der Gegenwart, Bern 1947, S. 22 ff.

5 Edmund Husserl, Cartesianische Meditationen und Pariser Vorträge, hrsg. und eingel. von S. Strasser, Husserliana, Bd. I, 2. Aufl., Den Haag 1963, S. 46.

6 Jean-Toussaint Desanti, Der Leib der idealen Objekte. Nebengedanken zu Das Sichtbare und das Unsichtbare, in: Alexandre Métraux/Bernhard Waldenfels (Hg.), Leibhaftige Vernunft. Spuren von Merleau-Pontys Denken, München 1986, S. 37-47, hier: S. 40. Zur Ausgangssituation der Philosophie Merleau-Pontys vgl.: Jean Wahl, Französische Philosophie. Ein Abriß (1946), übers. von Brigitte Beer, Säckingen 1948, bes. S. 82 ff.; Bernhard Waldenfels, Phänomenologie in Frankreich, Frankfurt/M. 1987, S. 19-62.

7 Jean Wahl, Französische Philosophie, a.a.O., S. 172.

8 Alexandre Kojève, Hegel. Eine Vergegenwärtigung seines Denkens. Kommentar zur Phänomenologie des Geistes, mit einem Anhang: Hegel, Marx und das Christentum, hrsg. von Iring Fetscher, 4. Aufl., Frankfurt/M. 1996, S. 136.

9 Martin Heidegger, Sein und Zeit (1927), 16. Aufl., Tübingen 1986, S. 27.

10 Aron Gurwitsch, Quelques aspects et quelques développements de la psychologie de la forme, in: Journal de Psychologie normale et pathologique 33, 1936, S. 413-462, vgl. S. 413, Fn. 1.

11 Vgl. besonders Gurwitschs Dissertation: Phänomenologie der Thematik und des reinen Ich. Studien über Beziehungen von Gestalttheorie und Phänomenologie, in: Psychologische Forschung 12, 1929, S. 279-381.

12 Jean Wahl, Vers le concret. Études d'histoire de la philosophie contemporaine, Paris 1932.

13 Als Beilage III wieder abgedruckt in: Edmund Husserl, Die Krisis der europäischen Wissenschaften und die transzendentale Phänomenologie. Eine Einleitung in die phänomenologische Philosophie, hrsg. von Walter Biemel, Husserliana, Bd. VI, 2. Aufl., Den Haag 1962, S. 365-386.

14 Zur Entwicklung des frühen Merleau-Ponty vgl. besonders: Theodore F. Geraets, Vers une nouvelle philosophie transcendentale. La genèse de la philosophie de Maurice Merleau-Ponty jusqu'à la Phénoménologie de la perception, La Haye 1971.

15 Vgl. Jean-Paul Sartre, Freundschaft und Widersprüche. Über Merleau-Ponty, in: Sartre über Sartre. Aufsätze und Interviews 1940-1976, hrsg. und mit einem Nachwort versehen von Traugott König, Reinbek 1980, S. 61-128; dieser Aufsatz erschien zuerst 1961 als *Merleau-Ponty vivant* in der Sonderausgabe der *Temps Modernes* (Nr. 184/185) zu Merleau-Ponty.

16 Vgl. Georges Gurvitch, Les Tendances actuelles de la Philosophie allemande. E. Husserl. M. Scheler. E. Lask. M. Heidegger, Vorwort von Léon Brunschvicg, Paris 1949 (Nachdruck der Ausgabe von 1930).

17 Vgl. Herman L. van Breda, Maurice Merleau-Ponty et les Archives-Husserl à Louvain, in: Revue de Métaphysique et de Morale 67, 1962, S. 410-430.

18 Jean-Paul Sartre, Freundschaft und Widersprüche, a.a.O., S. 63 f.

19 Ebenda, S. 65.

20 Simone de Beauvoir, Der Lauf der Dinge (frz. 1963), übers. von Paul Baudisch, Reinbek 1970, S. 67.

21 Bernhard Waldenfels, Vorwort des Herausgebers, in: Maurice Merleau-Ponty, Keime der Vernunft. Vorlesungen an der Sorbonne 1949-1952, hrsg. von Bernhard Waldenfels, übers. von Antje Kapust, München 1994, S. 9.

22 Vgl. Simone de Beauvoir, Der Lauf der Dinge, a.a.O., S. 113; vgl. auch Pierre Bigo, Diskussion über den Marxismus. Um die Thesen Arthur Koestlers, in: Dokumente. Internationale Beiträge zu kulturellen und sozialen Fragen 4, 1948, S. 347-364.

23 Vgl. Arthur Koestler, Sonnenfinsternis (engl. 1940), London 1946, S. 133 f., 213 ff.; ders., Der Yogi und der Kommissar (engl. 1945), übers. von Friedrich Klumpp, Eßlingen 1950, S. 13 ff., 396 ff.

24 Jean-Paul Sartre, Freundschaft und Widersprüche, a.a.O., S. 102.

25 Vgl. dazu die Schlagzeile: Sartre est un ultra-bolcheviste ... déclare Merleau-Ponty, in: Le Figaro Littéraire, Nr. 472, 7.5.1955, S. 1.

26 Simone de Beauvoir, Merleau-Ponty et le Pseudo-Sartrisme, in: Les Temps Modernes 10/114-115, 1955, S. 2072-2122.

27 Johann Gottlieb Fichte, Die Bestimmung des Menschen (1800), hrsg. von Theodor Ballauff/Ignaz Klein, Stuttgart 1981, S. 5.

28 Gilbert Ryle, Der Begriff des Geistes, a.a.O., S. 10.

29 Immanuel Kant, Kritik der reinen Vernunft (1781/1787), in: ders., Werke in zehn Bänden, hrsg. von Wilhelm Weischedel, Bd. 3, Darmstadt 1983, S. 45 (KrV, B 1).

30 Ebenda, S. 25 (KrV, B XVI).

31 Ebenda, S. 136 (KrV, B 131 f.).

32 Bernhard Waldenfels, Deutsch-französische Gedankengänge, Frankfurt/M. 1995, S. 112.

33 Paul Ricœur, Hermeneutik und Strukturalismus. Der Konflikt der Interpretationen I (1969), übers. von Johannes Rütsche, München 1973, S. 150.

34 Martin Heidegger, Der Satz vom Grund (1957), hrsg. von Petra Jaeger, in: ders., Gesamtausgabe, Bd. 10, Frankfurt/M. 1997, S. 140.

35 Edmund Husserl, Cartesianische Meditationen, a.a.O., S. 77; vgl. auch ders., Ideen zu einer reinen Phänomenologie und phänomenologischen Philosophie. Erstes Buch. Allgemeine Einführung in die Phänomenologie (1913), 1. Halbband, neu hrsg. von Karl Schuhmann, Husserliana Bd. III/1, Den Haag 1976, S. 52.

36 Ders., Ideen zu einer reinen Phänomenologie und phänomenologischen Philosophie. Erstes Buch, a.a.O., S. 42.

37 Ders., Logische Untersuchungen, Bd. 1: Prolegomena zur reinen Logik (1900), Text der 1. und der 2. Aufl., hrsg. von Elmar Holenstein, Husserliana Bd. XVIII, Den Haag 1975, S. 167 f.

38 Ders., Ideen zu einer reinen Phänomenologie und phänomenologischen Philosophie. Erstes Buch, a.a.O., S. 52.

39 Dies belegen auch die zwischenzeitlich publizierten Fragmente Husserls zur Reduktion. Immer wieder versuchte er sich an diesem Werkzeug, nie gab er sich mit dem Erreichten zufrieden, stets galt es, von neuem Reduktion zu üben und diese zu reflektieren; vgl. Edmund Husserl, Zur phänomenologischen Reduktion. Texte aus dem Nachlaß (1926-1935), hrsg. von Sebastian Luft, Husserliana Bd. XXXIV, Dordrecht/Boston/London 2002.

40 Vgl. Eugen Fink, Die phänomenologische Philosophie Edmund Husserls in der gegenwärtigen Kritik. Mit einem Vorwort von Edmund Husserl, in: Kant-Studien 38, 1933, S. 316-383; ders., Das Problem der Phänomenologie Edmund Husserls, in: Revue internationale de Philosophie 1, 1939, S. 226-270.

41 Vgl. Herman L. van Breda, Maurice Merleau-Ponty et les Archives-Husserl à Louvain, a.a.O., S. 421 f.

42 Vgl. hierzu Heideggers Ausführungen zur Reduktion in: Martin Heidgger, Die Grundprobleme der Phänomenologie (1927), hrsg. v. Friedrich-Wilhelm von Herrmann, Gesamtausgabe Bd. 24, 2. Auflage, Frankfurt/M. 1989, S. 29. Zur Deutung der unterschiedlichen Interpretationen der Reduktion vgl. Christian Bermes, Reduktion und Verstehen. Husserls Phänomenologie und die Hermeneutik, in: Helmuth Vetter (Hg.), Hermeneutische Phänomenologie und phänomenologische Hermeneutik, Frankfurt/M./Berlin 2005.

43 Eugen Fink, VI. Cartesianische Meditation, Teil 1. Die Idee einer transzendentalen Methodenlehre, hrsg. von Hans Ebeling/Jann Holl/Guy van Kerckhoven, Husserliana-Dokumente II/1, Dordrecht/Boston/London 1988, S. 109.

44 Vgl. Edmund Husserl, Formale und transzendentale Logik. Versuch einer Kritik der logischen Vernunft (1929), mit ergänzenden Texten hrsg. von Paul Janssen, Husserliana Bd. XVII, Den Haag 1974, S. 242.

45 Zur Geschichte des philosophischen Weltbegriffs und zur Systematik der phänomenologischen Auslegung von Welt und Lebenswelt vgl. Christian Bermes, ›Welt‹ als Thema der Philosophie. Vom metaphysischen zum natürlichen Weltbegriff, Hamburg 2004.

46 Edmund Husserl, Die Krisis der europäischen Wissenschaften, a.a.O., S. 48 ff.

47 Vgl. ders., Cartesianische Meditationen, a.a.O., S. 25, 128.

48 Ders., Ideen zu einer reinen Phänomenologie und phänomenologischen Philosophie. Zweites Buch. Phänomenologische Untersuchungen zur Konstitution, hrsg. von Marly Biemel, Husserliana Bd. IV, Den Haag 1952, S. 151 ff., 284 ff.

49 Eugen Fink, VI. Cartesianische Meditation, a.a.O., S. 8 f.

50 Ernst Cassirer, Philosophie der symbolischen Formen, Bd. 1: Die Sprache (1923), 4. Aufl., Darmstadt 1964, S. 11; ders., Philosophie der symbolischen Formen, Bd. 2: Das mythische Denken (1925), 8. Aufl., Darmstadt 1987; ders., Philosophie der symbolischen Formen, Bd. 3: Phänomenologie der Erkenntnis (1929), 9. Aufl., Darmstadt 1990. Dazu vgl. Ernst Wolfgang Orth, Von der Erkenntnistheorie zur Kulturphilosophie. Studien zu Ernst Cassirers Philosophie der symbolischen Formen, Würzburg 1996.

51 Ernst Cassirer, Philosophie der symbolischen Formen, Bd. 3, a.a.O., S. 235.

52 Edmund Husserl, Erste Philosophie (1923/24). Zweiter Teil. Theorie der phänomenologischen Reduktion, hrsg. von Rudolf Boehm, Husserliana Bd. VIII, Den Haag 1959, S. 29; vgl. auch das Fragment: Phänomenologische Archäologie, in: Alwin Diemer, Edmund Husserl. Versuch einer systematischen Darstellung seiner Phänomenologie, 2. Aufl., Meisenheim/Glan 1965, S. 11, Fn. 6.

53 Vgl. Edmund Husserl, Die Krisis der europäischen Wissenschaften, a.a.O., S. 176 ff.

54 Jean-Paul Sartre, Freundschaft und Widersprüche, a.a.O., S. 64.

55 Vgl. Edmund Husserls »Verstehen im Zickzack«, in: ders., Phänomenologische Archäologie, a.a.O.; zur weiteren Diskussion vgl.: Christian Bermes, Philosophie der Bedeutung – Bedeutung als Bestimmung und Bestimmbarkeit. Eine Studie zu Husserl, Frege, Cassirer und Hönigswald, Würzburg 1997, S. 97 ff.

56 Vgl. Eugen Fink, Operative Begriffe in Husserls Phänomenologie, in: Zeitschrift für philosophische Forschung 11, 1957, S. 321-337.

57 Vgl. z.B. Martin Heidegger, Phänomenologie des religiösen Lebens, hrsg. von Matthias Jung u.a., in: ders., Gesamtausgabe, Bd. 60, Frankfurt/M. 1995, S. 62 ff.

58 Friedrich Nietzsche, Also sprach Zarathustra (1883 f.), in: ders., Kritische Studienausgabe, Bd. 4, hrsg. von Giorgio Colli/Mazzino Montinari, Berlin/New York 1988, S. 39.

59 Edmund Husserl, Cartesianische Meditationen, a.a.O., S. 128.

60 Ders., Ding und Raum, Vorlesungen 1907, hrsg. von Ulrich Claesges, Husserliana Bd. XVI, Den Haag 1973, S. 161 f.

61 Ders., Cartesianische Meditationen, a.a.O., S. 128.

62 Jean-Paul Sartre, Das Sein und das Nichts. Versuch einer phänomenologischen Ontologie (1943), in: ders., Philosophische Schriften I, übers. von Hans Schöneberg/Traugott König, Reinbek 1994, S. 539 ff.

63 Ebenda, S. 541.

64 Ebenda, S. 629.

65 René Descartes, Regulae ad directionem ingenii. Regeln zur Ausrichtung der Erkenntniskraft (1628), übers. und hrsg. von Heinrich Springmeyer u.a., Hamburg 1973, Regel III, § 5, S. 17; vgl. Regel XIV, § 8, S. 125.

66 Vgl. dazu auch Heideggers Neuauslegung des »lumen naturale« aus fundamentalontologischer Perspektive: Martin Heidegger, Sein und Zeit, a.a.O., S. 133.

67 Ebenda, S. 53 ff.

68 Ebenda, S. 175 ff.

69 Vgl. dazu Cassirers »Pulsschlag des Bewußtseins«: Ernst Cassirer, Philosophie der symbolischen Formen, Bd. 3, a.a.O., S. 236.

70 Die Unterscheidung zwischen »knowing that« und »knowing how« stammt von Ryle. Dessen Analysen weichen z.T. jedoch erheblich von Merleau-Pontys Beschreibungen ab. Vgl. Gilbert Ryle, Der Begriff des Geistes, a.a.O., S. 26-77.

71 Vgl. z.B. Johann Gottlieb Fichte, Die Bestimmung des Menschen, a.a.O., S. 76 ff.

72 Edmund Husserl, Ideen zu einer reinen Phänomenologie und phänomenologischen Philosophie. Zweites Buch, a.a.O., S. 159. Vgl.

Käte Meyer-Drawe, Der Leib – ›Ein merkwürdig unvollkommen konstituiertes Ding‹, in: Christoph Jamme/Otto Pöggeler (Hg.), Phänomenologie im Widerstreit. Zum 50. Todestag Edmund Husserls, Frankfurt/M. 1989, S. 291-306.

73 Ernst Cassirer, Philosophie der symbolischen Formen, Bd. 3, a.a.O., S. 109, 114 f., 117.

74 Durchaus vergleichbare Leibanalysen unterbreitet auch Helmuth Plessner in seinen Schriften. Vgl. Ernst Wolfgang Orth, Das Verständnis des Leibes bei Helmuth Plessner als Problem der Hermeneutik, in: Studia Philosophica 46, 1987, S. 29-43.

75 Zu der Geschichte des Weltbegriffs sowie zu der phänomenologischen Explikation der Welt als Horizont, Stil und Lebenswelt vgl. im einzelnen Christian Bermes, ›Welt‹ als Thema der Philosophie, a.a.O.

76 Max Scheler, Die Stellung des Menschen im Kosmos, a.a.O., S. 33f.

77 Ebenda, S. 33. Zu Schelers Denken im Verhältnis zu Merleau-Ponty vgl. Geist und Leib. Phänomenologie der Person bei Scheler und Merleau-Ponty, in: Christian Bermes u.a. (Hg.), Person und Wert. Schelers ›Formalismus‹ – Perspektiven und Wirkungen, Freiburg i. Br. 2000, S. 139-161.

78 Vgl. Christian Bermes, »Welt« als Ursprung und Maß des Denkens und Philosophierens, in: ders., u.a. (Hg.), Ursprung des Denkens – Denken des Ursprungs. Schelers Philosophie und ihre Anfänge in Jena, Würzburg 1998, S. 55-67.

79 Vgl. insbesondere Heideggers frühe Vorlesung *Die Idee der Philosophie und das Weltanschauungsproblem* aus dem Kriegsnotsemester 1919 in: Martin Heidegger, Zur Bestimmung der Philosophie, in: ders., Gesamtausgabe, Bd. 56/57, hrsg. von Bernd Heimbüchel, Frankfurt/M. 1987, S. 70 ff. Merleau-Ponty teilt mit Heidegger hier die Intention, inhaltlich bleiben jedoch Unterschiede bestehen.

80 Vgl. Jean-Paul Sartre, Das Sein und das Nichts, a.a.O., S. 457 ff.

81 Zum Überblick vgl. Christian Bermes (Hg.), Sprachphilosophie, Freiburg i.Br./München 1999.

82 Vgl. Gottlob Frege, Über Sinn und Bedeutung (1892), in: ders., Funktion. Begriff. Bedeutung. Fünf logische Studien, hrsg. von Günther Patzig, 6. Aufl., Göttingen 1986, S. 40-65.

83 Ernst Cassirer, Erkenntnistheorie nebst den Grenzfragen der Logik und Denkpsychologie (1927), in: ders., Erkenntnis. Begriff. Kultur, hrsg. von Rainer A. Bast, Hamburg 1993, S. 77-153, hier: S. 81.
84 Ludwig Wittgenstein, Philosophische Untersuchungen, in: ders., Werkausgabe, Bd. 1, 7. Aufl., Frankfurt/M. 1990, § 265.
85 Edmund Husserl, Ideen zu einer reinen Phänomenologie und phänomenologischen Philosophie. Erstes Buch, a.a.O., S. 152 ff.
86 Eugen Fink, VI. Cartesianische Meditation, Teil 1, a.a.O., S. 8 f.
87 René Descartes, Discours de la méthode (1637), französisch-deutsch, hrsg. von Lüder Gäbe, Hamburg 1990, S. 52.
88 Ders., Die Prinzipien der Philosophie (1644), hrsg. von Artur Buchenau, Hamburg 1992, S. 2.
89 Eugen Fink, VI. Cartesianische Meditation, a.a.O., S. 125.
90 Edmund Husserl, Cartesianische Meditationen, a.a.O., S. 155 f.
91 Ders., Die Krisis der europäischen Wissenschaften und die transzendentale Phänomenologie, a.a.O., S. 188. Im Gegensatz zu Merleau-Ponty verfolgt Husserl jedoch noch eine transzendentale Deklination des Ich.
92 Vgl. Martin Heidegger, Sein und Zeit, a.a.O., S. 12.
93 Vgl. ebenda, S. 17.
94 Vgl. Jean-Paul Sartre, Das Sein und das Nichts, a.a.O., S. 753 ff.
95 Georg Wilhelm Friedrich Hegel, Vorlesungen über die Geschichte der Philosophie, in: ders., Theorie Werkausgabe, Bd. 20, Frankfurt/M. 1971, S. 314.
96 Vgl. Vincent Descombes, Das Selbst und das Andere. Fünfundvierzig Jahre Philosophie in Frankreich. 1933-1978, übers. von Ulrich Raulff, Frankfurt/M. 1981, S. 17 ff.
97 Vgl. Simone de Beauvoir, Der Lauf der Dinge, a.a.O., S. 113.
98 Ernst Cassirer, Philosophie der symbolischen Formen, Bd. 3, a.a.O., S. 86; vgl. ders., Form und Technik (1930), in: ders., Symbol. Technik. Sprache. Aufsätze aus den Jahren 1927-1933, hrsg. von Ernst Wolfgang Orth/John Michael Krois, Hamburg 1985, S. 39-90, hier: S. 84.
99 Vgl. ders., Philosophie der symbolischen Formen, Bd. 2, a.a.O., S. 39.
100 Vgl. Ferdinand de Saussure, Grundfragen der allgemeinen Sprachwissenschaft (1916/1922), hrsg. von Charles Bally/Albert Sechehaye, übers. von Herman Lommel, 2. Aufl., Berlin 1967.

101 Zum medialen Charakter dieses Ansatzes vgl. Christian Bermes, Medialität – anthropologisches Radikal oder ontologisches Prinzip? Merleau-Pontys Ausführung der Phänomenologie, in: Christian Ber-mes, Julia Jonas, Karl-Heinz Lembeck (Hg.), Die Stellung des Menschen in der Kultur, Würzburg 2002, S. 41-58.

102 Eugen Fink, Sein, Wahrheit, Welt. Vor-Fragen zum Problem des Phänomen-Begriffs, Den Haag 1958.

103 Ebenda, S. 9.

104 Ebenda, S. 52.

105 Ebenda, S. 118 ff.

106 Ebenda, S. 130.

107 Vgl. Edmund Husserl, Ideen zu einer reinen Phänomenologie und phänomenologischen Philosophie. Erstes Buch, a.a.O., S. 57.

108 Ebenda, S. 52.

109 Alfred North Whitehead, Prozeß und Realität. Entwurf einer Kosmologie (1929), übers. und mit einem Nachwort versehen von Hans Günter Holl, Frankfurt/M. 1995, S. 164.

110 Alphonse de Waelhens, Une philosophie de l'ambiguïté. L'existentialisme de Maurice Merleau-Ponty (1951), 3. Aufl., Löwen 1968.

111 Claude Lévi-Strauss, Das wilde Denken (1962), übers. von Hans Naumann, Frankfurt/M. 1968, S. 9.

112 Vgl. ders., Begegnungen mit Merleau-Ponty, in: Alexandre Métraux/ Bernhard Waldenfels (Hg.), Leibhaftige Vernunft, a.a.O., S. 29-36.

113 Gérard Lebrun, Zur Phänomenologie in der »Ordnung der Dinge«, in: François Ewald/Bernhard Waldenfels (Hg.), Spiele der Wahrheit. Michel Foucaults Denken, Frankfurt/M. 1991, S. 15-38, hier: S. 15.

114 Vgl. dazu im Überblick: Bernhard Waldenfels, Phänomenologie in Frankreich, a.a.O.; ders., Deutsch-französische Gedankengänge, a.a.O.

115 Didier Eribon, Michel Foucault. Eine Biographie (1989), übers. von Hans-Horst Henschen, Frankfurt/M. 1993, S. 244.

116 Vgl. etwa Lambert Wiesing (Hg.), Philosophie der Wahrnehmung. Modelle und Reflexionen, Frankfurt/M. 2002.

117 Niklas Luhmann, Die neuzeitlichen Wissenschaften und die Phänomenologie, 2. Auflage, Wien 1997, S. 50, 58.

Literaturhinweise

1. Schriften Merleau-Pontys

Die Bibliographie der Erstveröffentlichungen Merleau-Pontys ist nach Textgattungen und chronologisch geordnet; am Schluß der Zitation findet sich durch fetten Druck hervorgehoben die Sigle, welche im Text und in der Bibliographie benutzt wird.

a) Deutsche Übersetzungen

Die Struktur des Verhaltens, übers. und mit einem Vorwort versehen von Bernhard Waldenfels, Berlin/New York 1976. (**SdV**)

Phänomenologie der Wahrnehmung, übers. und mit einem Vorwort versehen von Rudolf Boehm, Berlin 1966 (photomechanischer Nachdruck 1974). (**PdW**)

Das Primat der Wahrnehmung, aus dem Französischen v. Jürgen Schröder, hrsg. und mit einem Nachwort versehen von Lambert Wiesing, Frankfurt/M. 2003. (**PrW**)

Humanismus und Terror, übers. von Eva Moldenhauer, Frankfurt/M. 1966 (Nachdruck Frankfurt/M. 1990). (**HuT**)

Sinn und Nicht-Sinn, aus dem Französischen v. Hans-Dieter Gondek, München 2000. (**SNS**)

Keime der Vernunft. Vorlesungen an der Sorbonne 1949-1952, hrsg. und mit einem Vorwort versehen von Bernhard Waldenfels, übers. von Antje Kapust, München 1994. (**KdV**)

Die Abenteuer der Dialektik, übers. von Alfred Schmidt/Herbert Schmitt, Frankfurt/M. 1968. (**AdD**)

Das Auge und der Geist. Philosophische Essays, neu bearbeitet, kommentiert und mit einer Einleitung hrsg. von Christian Bermes, Hamburg 2003. (**AuG**)

Zeichen, übers. von Barbara Schmitz, kommentiert und mit einer Einleitung hrsg. von Christian Bermes, Hamburg 2007. (**Z**)
Die Prosa der Welt, hrsg. von Claude Lefort, übers. von Regula Giuliani, mit einer Einleitung von Bernhard Waldenfels, München 1984 (2. Aufl. 1993). (**Prosa**)
Vorlesungen I. Schrift für die Kandidatur am Collège de France. Lob der Philosophie. Vorlesungszusammenfassungen. Die Humanwissenschaften und die Phänomenologie, übers. und mit einem Vorwort versehen von Alexandre Métraux, Berlin/New York 1973. (**Vorl.**)
Die Natur. Aufzeichnungen von Vorlesungen am Collège de France 1956-1960, aus dem Französischen v. Mira Köller, hrsg. und mit Anmerkungen versehen von Dominique Séglard, München 2000. (**Natur**)
Das Sichtbare und das Unsichtbare, gefolgt von Arbeitsnotizen, übers. von Regula Giuliani/Bernhard Waldenfels, hrsg. und mit einem Vor- und Nachwort versehen von Claude Lefort, München 1986 (2. Aufl. 1994). (**SuU**)

b) Monographien, Aufsatzsammlungen und Sammelbände

La structure du comportement, Paris 1942. (dt. SdV)
Phénoménologie de la perception, Paris 1945. (dt. PdW)
Humanisme et terreur. Essai sur le problème communiste, Paris 1947. (dt. HuT)
Sens et non-sens, Paris 1948. (dt. SNS, 3 Beiträge dt. in AuG)
Éloge de la philosophie, Paris 1953. (dt. in AuG)
Les aventures de la dialectique, Paris 1955. (dt. AdD)
Les Philosophes Célèbres, hrsg. von Maurice Merleau-Ponty, Paris 1956. (Einleitungen zu den Epochen wieder abgedruckt in SG)
Signes, Paris 1960. (**SG**, 4 Beiträge dt. in AuG)
Œuvres, hrsg. und eingeleitet von Claude Lefort, Paris 2010.

c) Aufsätze, Artikel und Rezensionen

Christianisme et ressentiment, in: La Vie Intellectuelle 36, 1935, S. 278-306. (wieder abgedruckt in Parcours I)

»Être et Avoir«, in: La Vie Intellectuelle 45, 1936, S. 98-109. (wieder abgedruckt in Parcours I)

J.-P. Sartre. – »L'Imagination«, in: Journal de Psychologie Normale et Pathologique 33, 1936, S. 756-761. (wieder abgedruckt in Parcours I)

»Les mouches« par J.-P. Sartre, in: Confluences 3, 1943, S. 514-516. (wieder abgedruckt in Parcours I)

Le roman et la métaphysique, in: Cahiers du Sud 22, 1945, S. 194-207. (wieder abgedruckt und dt. in SNS)

La guerre a eu lieu, in: Les Temps Modernes 1/1, 1945, S. 48-66. (wieder abgedruckt und dt. in SNS)

La querelle de l'existentialisme, in: Les Temps Modernes 1/2, 1945, S. 344-356. (wieder abgedruckt und dt. in SNS)

Le doute de Cézanne, in: Fontaine 4, 1945, S. 80-100. (dt. in AuG, wieder abgedruckt und dt. in SNS)

Pour la vérité, in: Les Temps Modernes 1/4, 1945-1946, S. 577-600. (wieder abgedruckt und dt. in SNS)

Autour du marxisme, in: Fontaine 5, 1946, S. 309-331. (wieder abgedruckt und dt. in SNS)

Le culte du héros, in: Action. Hebdomadaire de la Libération française 74, 1946, S. 12 f. (wieder abgedruckt und dt. in SNS als »Le héros, l'homme«)

Foi et bonne foi, in: Les Temps Modernes 1/5, 1945-1946, S. 769-782. (wieder abgedruckt und dt. in SNS)

L'existentialisme chez Hegel, in: Les Temps Modernes 1/7, 1946, S. 1311-1319. (wieder abgedruckt und dt. in SNS)

Marxisme et philosophie, in: Revue Internationale 1, 1946, S. 518-526. (wieder abgedruckt und dt. in SNS)

Faut-il brûler Kafka?, in: Action. Hebdomadaire de la Liberation française 97, 1946, S. 14 f. (wieder abgedruckt in Parcours I)

Le Yogi et le prolétaire (I), in: Les Temps Modernes 2/13, 1946-1947, S. 1-29. (eingegangen in HuT)

Le Yogi et le prolétaire (II), in: Les Temps Modernes 2/14, 1946-1947, S. 253-287. (eingegangen in HuT)

Le Yogi et le prolétaire (III), in: Les Temps Modernes 2/16, 1946-1947, S. 676-711. (eingegangen in HuT)

Le primat de la perception et ses conséquences philosophiques, in: Bulletin de la Société française de Philosophie 41, 1947, S. 119-135, Diskussion S. 135-153. (dt. in PrW)

Indochine S.O.S., in: Les Temps Modernes 2/18, 1946-1947, S. 1039-1052. (wieder abgedruckt in SG als »Sur l'Indochine«)
Pour les Rencontres Internationales, in: Les Temps Modernes 2/19, 1946-1947, S. 1340-1344. (wieder abgedruckt in Parcours I)
Apprendre à lire, in: Les Temps Modernes 2/22, 1947-1948, S. 1-27. (eingegangen in HuT)
Le métaphysique dans l'homme, in: Revue de Métaphysique et de Morale 52, 1947, S. 290-307. (dt. in AuG, wieder abgedruckt und dt. in SNS)
Le cinéma et la nouvelle psychologie, in: Les Temps Modernes 3/26, 1947-1948, S. 930-943. (dt. in AuG, wieder abgedruckt und dt. in SNS)
En un combat douteux, in: Les Temps Modernes 3/27, 1947-1948, S. 961-964. (gezeichnet T.M.)
Lecture de Montaigne, in: Les Temps Modernes 3/27, 1947-1948, S. 1044-1060. (wieder abgedruckt in SG)
Les Cahiers de la Pléiade, in: Les Temps Modernes 3/27, 1947-1948, S. 1151 f. (wieder abgedruckt in Parcours I)
Jean-Paul Sartre ou un auteur scandaleux, in: Le Figaro Littéraire 6.12. 1947, S. 1 u. 3. (wieder abgedruckt und dt. in SNS als »Un auteur scandaleux«)
Le manifeste communiste à cent ans, in: Le Figaro Littéraire, 3.4.1948, S. 1 f. (wieder abgedruckt in Parcours I)
Complicité objective, in: Les Temps Modernes 3/34, 1948-1949, S. 1-11. (gezeichnet T.M.; wieder abgedruckt in Parcours I)
Communisme et anticommunisme, in: Les Temps Modernes 3/34, 1948-1949, S. 175-188. (wieder abgedruckt in SG als »La politique paranoïaque«)
Note sur Machiavel, in: Les Temps Modernes 5/48, 1949-1950, S. 577-593. (wieder abgedruckt in SG)
Georges Lukács et l'autocritique. Commentaire, in: Les Temps Modernes 5/50, 1949-1950, S. 1119-1121. (wieder abgedruckt in SG als »Marxisme et superstition«)
Les jours de notre vie, in: Les Temps Modernes 5/51, 1949-1950, S. 1153-1168. (wieder abgedruckt in SG als »L'U.R.S.S. et les camps«)
Mort d'Emmanuel Mounier, in: Les Temps Modernes 5/54, 1949-1950, S. 1906. (gezeichnet Les Temps Modernes)
Réponse à C.L.R. James, in: Les Temps Modernes 5/56, 1949-1950, S. 2292-2294. (gezeichnet T.M.; wieder abgedruckt in Parcours I)

L'adversaire est complice, in: Les Temps Modernes 6/57, 1950-1951, S. 1-11. (gezeichnet T.M.; wieder abgedruckt in Parcours I)

Le philosophe et la sociologie, in: Cahiers internationaux de Sociologie 6, 1951, S. 50-69. (wieder abgedruckt in SG)

Einleitung zu »Human Engineering« von Michel Crozier, in: Les Temps Modernes 7/69, 1951-1952, S. 44-48. (gezeichnet T.M.; wieder abgedruckt in Parcours I)

L'homme et l'adversité, in: La connaissance de l'homme au XXe siècle. Rencontres internationales de Genève 1951, Neuchâtel 1952, S. 51-75. (Aufsatz dt. in AuG, wieder abgedruckt in SG, Diskussion wieder abgedruckt in Parcours II)

Sur la phénoménologie du langage, in: Problèmes actuels de la phénoménologie. Actes du premier Colloque international de phénoménologie. Bruxelles avril 1951, hrsg. von Herman L. van Breda, Paris 1952, S. 89-109. (wieder abgedruckt in SG)

Le langage indirect et les voix du silence (I), in: Les Temps Modernes 7/80, 1951-1952, S. 2113-2144. (dt. in AuG, wieder abgedruckt in SG)

Le langage indirect et les voix du silence (II), in: Les Temps Modernes 8/81, 1952-1953, S. 70-94. (dt. in AuG, wieder abgedruckt in SG)

Où sont les nouveaux maîtres?, in: L'Express, Nr. 71, 2.10.1954, S. 4.

Le philosophe est-il un fonctionnaire?, in: L'Express, Nr. 72, 9.10.1954, S. 3.

Le libertin est-il un philosophe?, in: L'Express, Nr. 73, 16.10.1954, S. 3 f. (wieder abgedruckt in SG als »Sur l'érotisme«)

La France va-t-elle se renouveller?, in: L'Express, Nr. 74, 23.10.1954, S. 3 f.

Les femmes sont-elles des hommes?, in: L'Express, Nr. 76, 6.11.1954, S. 4. (dt. als »Geschlechterpolitik. Eine Replik von Maurice Merleau-Ponty« in: Regula Giuliani (Hg.), Merleau-Ponty und die Kulturwissenschaften, München 2000, S. 321-324)

Les peuples se fâchent-ils?, in: L'Express, Nr. 80, 4.12.1954, S. 3 f.

Le goût pour les faits divers est-il malsain?, in: L'Express, Nr. 82, 18.12.1954, S. 3 f. (wieder abgedruckt in SG als »Sur les faits divers«)

D'abord comprendre les communistes, in: L'Express, Nr. 85, 8.1.1955, S. 8 f.

A quoi sert l'objectivité, in: L'Express, Nr. 88, 29.1.1955, S. 4.

Comment répondre à Oppenheimer, in: L'Express, Nr. 91, 19.2.1955, S. 3.

Claudel était-il un génie?, in: L'Express, Nr. 93, 5.3.1955, S. 3 f. (wieder abgedruckt in SG als »Sur Claudel«)

M. Poujade a-t-il une petite cervelle?, in: L'Express, Nr. 95, 19.3.1955, S. 3.

Le marxisme est-il mort à Yalta?, in: L'Express, Nr. 98, 9.4.1955, S. 3 f. (wieder abgedruckt in SG als »Les papiers de Yalta«)

Einstein et la crise de la raison, in: L'Express, Nr. 103, 14.5.1955, S. 13. (wieder abgedruckt in SG)

Où va l'anticommunisme?, in: L'Express, Nr. 109, 25.6.1955, S. 12.

La majorité a-t-elle raison?, in: L'Express, Nr. 111, 9.7.1955, S. 12. (wieder abgedruckt in SG als »Sur l'abstention«)

L'avenir de la révolution, in: L'Express, Nr. 118, 27.8.1955, S. 7-10. (wieder abgedruckt in SG)

Réforme ou maladie sénile du communisme?, in: L'Express, Nr. 283, 23.11.1956, S. 13-17. (wieder abgedruckt in SG als »Sur la déstalinisation«)

Du moindre mal à l'union sacrée, in: Le Monde, 5.6.1958, S. 4. (wieder abgedruckt in SG als »Sur le 13 mai 1958«)

Le philosophe et son ombre, in: Herman L. van Breda/Jacques Taminiaux (Hg.), Edmund Husserl. 1859-1959. Recueil commémoratif publié à l'occasion du centenaire de la naissance du philosophe, Den Haag 1959, S. 195-220. (dt. in AuG, wieder abgedruckt in SG)

De Mauss à Claude Lévi-Strauss, in: La Nouvelle Revue Française, N.S. 7, 1959, S. 615-631. (dt. in AuG, wieder abgedruckt in SG)

Discours prononcé le 19 mai 1959 lors de la séance d'hommage à l'occasion du centenaire de la naissance de Henri Bergson, in: Bulletin de la Société française de Philosophie 54, 1960, S. 35-45. (wieder abgedruckt in SG als »Bergson se faisant«)

Préface, in: Angelo-Louis-Marie Hesnard, L'œuvre de Freud et son importance pour le monde moderne, Paris 1960, S. 5-10. (dt. als »Vorwort« in: Regula Giuliani (Hg.), Merleau-Ponty und die Kulturwissenschaften, München 2000, S. 325-331)

L'œil et l'esprit, in: Art de France, Nr. 1, Januar 1961, S. 187-208. (dt. in AuG, Neudruck Paris 1964)

Réponse à Olivier Todd, in: France Observateur, 2.3.1961, S. 17 f. (wieder abgedruckt in Parcours II)

d) Interviews und Diskussionsbeiträge

M. Georges Friedmann, L'agrégation de philosophie, mit Diskussion, in: Bulletin de la Société française de Philosophie 38, 1938, S. 117-158. (Diskussionsbeitrag von Merleau-Ponty S. 130-133, wieder abgedruckt in Parcours I)

Le mouvement philosophique moderne. Un entretien avec Maurice Merleau-Ponty, in: Carrefour, Nr. 92, 23.5.1946, S. 6. (wieder abgedruckt in Parcours I)

Le destin de l'individu dans le monde actuel, in: Chemins du monde, Nr. 2, 1947, S. 19-36. (Diskussionsbeitrag von Merleau-Ponty S. 30 f.; wieder abgedruckt in Parcours I)

L'Esprit européen. Textes in-extenso des conférences et des entretiens organisés par les Rencontres internationales de Genève 1946, Neuchâtel 1947. (Diskussionsbeiträge von Merleau-Ponty S. 74-77, 133, 252-256; wieder abgedruckt in Parcours I)

De Gaulle et le Gaullisme vus par Jean-Paul Sartre et par l'équipe des Temps Modernes, Zusammenfassung einer Radiosendung vom 20.10. 1947, in: L'Ordre de Paris, Nr. 44, 22.10.1947, S. 1 u. 3. (Diskussionsbeitrag Merleau-Pontys abgedruckt in Parcours I)

La connaissance de l'homme au XXe siècle. Rencontres internationales de Genève 1951, Neuchâtel 1952. (Diskussionsbeiträge Merleau-Pontys S. 182 f., 186, 216-252, 263 f., 286 f., 293 f.)

Discordia Concors. Rencontre Est-Ouest à Venise, in: Comprendre 16, 1956, S. 201-301. (Diskussionsbeiträge Merleau-Pontys S. 210-217, 226-230, 237, 252 f., 265-268, 271, 275 f., 278, 284-287, 295-297; Zusammenfassung in: Premier dialogue Est-Ouest à Venise, in: L'Express, Nr. 278, 19.10.1956, S. 21-24. (wieder abgedruckt in Parcours II)

Claude Lévi-Strauss, Sur les rapports entre la mythologie et le rituel, in: Bulletin de la Société française de Philosophie 50, 1956, S. 99-125. (Diskussionsbeitrag von Merleau-Ponty S. 119 f., wieder abgedruckt in Parcours II)

Jacques Lacan, La psychanalyse et son enseignement, in: Bulletin de la Société Française 51, 1957, S. 65-101. (Diskussionsbeitrag von Merleau-Ponty S. 98 f., wieder abgedruckt in Parcours II)

La démocratie peut-elle renaître en France? (Interview mit Merleau-Ponty), in: L'Express, Nr. 368, 3.7.1958, S. 15-17. (wieder abgedruckt in SG als »Demain ...«)

La France en Afrique (Interview mit Merleau-Ponty), in: L'Express, Nr. 375, 21.8.1958, S. 12 f. (wieder abgedruckt in SG als »Sur Madagascar«)

A. de Waelhens, Commentaire sur l'idée de la phénoménologie, in: Cahiers du Royaumont, Paris 1959, S. 143-156. (Diskussionsbeitrag Merleau-Pontys S. 157-159)

L'avenir du socialisme, in: Les Cahiers de la République, Nr. XXLL, November/Dezember 1959, S. 27-42. (Debatte unter der Leitung von Merleau-Ponty, wieder abgedruckt in Parcours II)

Entretien, in: Madeleine Chapsal, Les écrivains en personne, Paris 1960, S. 143-163. (wieder abgedruckt in Parcours II)

Un entretien avec Maurice Merleau-Ponty. La philosophie et la politique sont solidaires, in: Le Monde, Nr. 4961, 31.12.1960, S. 9. (wieder abgedruckt in Parcours II)

Ginette Dreyfus, La volonté dans la philosophie de Malebranche, in: Bulletin de la Société française de Philosophie 54, 1960, S. 97-140. (Diskussionsbeiträge Merleau-Pontys S. 133 f.)

Compte rendu du colloque sur le mot structure, in: Roger Bastide, Sens et usages du terme structure dans les sciences humaines et sociales, Den Haag 1962, S. 139-165. (Merleau-Pontys Diskussionsbeiträge S. 153-155, 156 f., wieder abgedruckt in Parcours II)

La phénoménologie contre »The Concept of Mind«, in: La philosophie analytique. Cahiers de Royaumont, Paris 1962, S. 65-84, Diskussion S. 85-104. (Merleau-Pontys Diskussionsbeitrag S. 93-96) (**CoM**)

Conrad Stein, Langage et inconscient, in: L'inconscient. VI. Vie Colloque de Bonneval, Paris 1966, S. 131-177. (Diskussionsbeitrag Merleau-Pontys S. 143)

Il n'y a pas de bonne façon d'être homme. La rencontre de Sartre et de Merleau-Ponty, in: Esprit 3, 1980, S. 39-41. (Auszug eines Interviews von 1959, wieder abgedruckt in Parcours II)

Causerien 1948. Radiovorträge, mit einem Vorwort von Bernhard Waldenfels, hrsg. von Ignaz Knips, Köln 2006.

e) Schriften aus dem Nachlaß und postume Textsammlungen

Titres et travaux. Projet d'enseignement, Centre de Documentation Universitaire, 1951. (wieder abgedruckt in Parcours II)

Cinq notes sur Claude Simon, in: Médiations, Nr. 4, 1961, S. 5-9. (wieder abgedruckt in Parcours II)

Un inédit de Maurice Merleau-Ponty, in: Revue de Métaphysique et de Morale 67, 1962, S. 401-409. (dt. in AuG, wieder abgedruckt in Parcours II)

Le visible et l'invisible. Suivi de notes de travail par Maurice Merleau-Ponty, hrsg. und mit einem Vorwort versehen von Claude Lefort, Paris 1964. (dt. SuU)

La philosophie de l'existence, in: Dialogue 5, 1966, S. 307-322. (Vortrag von 1959) (PdE, wieder abgedruckt in Parcours II)

La prose du monde, hrsg. von Claude Lefort, Paris 1969. (dt. Prosa)

Le primat de la perception et ses conséquences philosophiques, précédé de, Projet de travail sur la nature de la Perception, et, La Nature de la Perception, Grenoble 1989. (dt. PrW)

»Parole et Gestalt« und »Parole verticale«, in: François Heidsieck (Hg.), Maurice Merleau-Ponty. Le philosophe et son langage, Paris 1993, S. 15 u. 17. (wieder abgedruckt in Parcours II)

Sartre, Merleau-Ponty: Les Lettres d'une rupture, in: Le Magazine Littéraire 320, 1994, S. 67-86. (wieder abgedruckt in Parcours II)

Notes de lecture et commentaires sur »Théorie du champ de la conscience« de Aron Gurwitsch, in: Revue de Métaphysique et de Morale 102, 1997, S. 321-342.

Parcours. 1935-1951, mit einführenden Bemerkungen von Jacques Prunair, Lagrasse 1997. (**Parcours I**)

Parcours deux. 1951-1961, mit einführenden Bemerkungen von Jacques Prunair, Lagrasse 2000. (**Parcours II**)

f) Vorlesungsankündigungen, -notizen und -mitschriften

L'union de l'âme et du corps chez Malebranche, Biran et Bergson. Notes prises au cours de Maurice Merleau-Ponty à l'École Normale

Supérieure (1947-1948), gesammelt und bearbeitet von Jean Deprun, Paris 1968 (durchges. und erw. Aufl. 1978).
Merleau-Ponty à la Sorbonne. Résumé de cours 1949-1952, Dijon 1988. (dt. als KdV)
Maurice Merleau-Ponty, Résumés de cours. Collège de France 1952-1953, hrsg. von Claude Lefort, Paris 1968. (dt. in Vorl.)
Maurice Merleau-Ponty, Notes de cours. 1958-1959 et 1960-1961, mit einem Vorwort versehen von Claude Lefort, hrsg. von Stéphanie Ménasé, Paris 1996.
Maurice Merleau-Ponty, La Nature. Notes. Cours du Collège de France, hrsg. und mit Anmerkungen versehen von Dominique Séglard, Paris 1995. (dt. Natur)
Maurice Merleau-Ponty, Notes de cours sur »L'origine de la géometrie« de Husserl, suivi de Recherches sur la phénoménologie de Merleau-Ponty, sous la direction de R. Barbaras, Paris 1998.
L'institution dans l'histoire personelle et publique. Le problème de la passivité, le sommeil, l'inconscient. Notes de cours au Collège de France 1954, hrsg. von Dominique Darmaillacq, Claude Lefort, Stéphanie Ménasé, Paris 2003.
Le monde sensible et le monde de l'expression. Cours au Collège de France. Notes 1953, hrsg. und mit Anmerkungen versehen von Emmanuel de Saint Aubert und Stefan Kristensen, Genf 2011.

2. Sekundärliteratur

a) Bibliographien

François H. Lapointe/Claire Lapointe, Maurice Merleau-Ponty and His Critics. An International Bibliography (1942-1976). Preceded by a Bibliography of Merleau-Ponty's Writings, New York/London 1976.
Kerry Whiteside, The Merleau-Ponty Bibliography. Additions and Corrections, in: Journal of the History of Philosophy 21, 1983, S. 195-201.
Daniela Calabrò, Bibliografia merleau-pontyana 1976-1996, in: Chiasmi. Pubblicazione della Società di Studi su Maurice Merleau-Ponty 1,

1998. (Die Zeitschrift wurde anschließend unter dem Titel »Chiasmi International«, s.u., in einer neuen Serie weitergeführt)

b) Überblicksdarstellungen

Christian Bermes, Wahrnehmung, Ausdruck und Simultanität. Merleau-Pontys phänomenologische Untersuchungen von 1945-1961, in: Maurice Merleau-Ponty, Das Auge und der Geist. Philosophische Essays, hrsg. von Christian Bermes, Hamburg 2003, S. XI-LIII.

Paul Good, Maurice Merleau-Ponty. Eine Einführung. Düsseldorf/Bonn 1998.

Stefan Günzel, Maurice Merleau-Ponty. Werk und Wirkung. Eine Einführung, Wien 2007.

Erich Christian Schröder, Maurice Merleau-Ponty. Phänomenologie an den Grenzen der Subjektivitätsphilosophie, in: Margot Fleischer (Hg.), Philosophen des 20. Jahrhunderts, Darmstadt 1990, S. 171-190.

Xavier Tilliette/Alexandre Métraux, Maurice Merleau-Ponty. Das Problem des Sinnes, in: Josef Speck (Hg.), Grundprobleme der großen Philosophen. Philosophie der Gegenwart II, 3. Aufl., Göttingen 1991, S. 181-230.

Bernhard Waldenfels, Deutsch-französische Gedankengänge, Frankfurt/M. 1995, S. 105-171.

Ders., Phänomenologie in Frankreich, Frankfurt/M. 1987, S. 142-216.

c) Weiterführende Literatur

Renaud Barbaras, De l'être du phénomène. Sur l'ontologie de Merleau-Ponty, Grenoble 1991.

Rudolf Boehm, Chiasma. Merleau-Ponty und Heidegger, in: Durchblicke. Martin Heidegger zum 80. Geburtstag, Frankfurt/M. 1970, S. 369-393.

Ders., Phänomenologie und Wahrheit bei Merleau-Ponty, in: Tijdschrift voor Filosofie 40, 1978, S. 56-77.

Ders., Zeitlichkeit und Endlichkeit bei Merleau-Ponty, in: Ernst Wolfgang Orth (Hg.), Studien zum Zeitproblem in der Philosophie des 20. Jahrhunderts, Freiburg/München 1982, S. 90-106.

Herman L. van Breda, Maurice Merleau-Ponty et les Archives-Husserl à Louvain, in: Revue de Métaphysique et de Morale 67, 1962, S. 410-430.

Patrick Burke/Jan van der Veken (Hg.), Merleau-Ponty in Contemporary Perspectives, Dordrecht/Boston/London 1993.

Thomas W. Busch/Shaun Gallagher (Hg.), Merleau-Ponty. Hermeneutics and Postmodernism, Albany 1992.

Taylor Carman, Mark B.N. Hansen (Hg.), The Cambridge Companion to Merleau-Ponty, Cambridge 2004.

Chiasmi International. Publication trilingue autour de la pensée de Merleau-Ponty, N.S., 1, 1999 ff. (jährlich erscheinende Zeitschrift mit Beiträgen auf Italienisch, Französisch und Englisch zur Philosophie Merleau-Pontys)

Françoise Dastur, Chair et langage. Essais sur Merleau-Ponty, La Versanne 2001.

Theodore F. Geraets, Vers une nouvelle philosophie transcendentale. La genèse de la philosophie de Maurice Merleau-Ponty jusqu'à la Phénoménologie de la perception, Den Haag 1971.

Regula Giuliani-Tagmann, Sprache und Erfahrung in den Schriften von Maurice Merleau-Ponty, Bern/Frankfurt/M./New York 1983.

François Heidsieck (Hg.), Maurice Merleau-Ponty. Le philosophe et son langage, Paris 1993.

Antje Kapust, Bernhard Waldenfels (Hg.), Kunst. Bild. Wahrnehmung. Blick. Merleau-Ponty zum Hundertsten, München 2010.

Burkhard Liebsch, Abgebrochene Beziehungen. Merleau-Ponty und Foucault über Ontogenese und Geschichte I und II, in: Philosophisches Jahrbuch 101, 1994, S. 177-194 u. 394-410.

Ders., Phänomenologische Einsprüche gegen ein verkennendes Erkennen. Spannungsfelder zwischen Phänomenologie und Epistemologie in der Philosophie Merleau-Pontys, in: Philosophisches Jahrbuch 103, 1996, S. 382-399.

Ullrich Melle, Das Wahrnehmungsproblem und seine Verwandlung in phänomenologischer Einstellung. Untersuchungen zu den phänomenologischen Wahrnehmungstheorien von Husserl, Gurwitsch und Merleau-Ponty, Den Haag/Boston/Lancaster 1983.

Alexandre Métraux/Bernhard Waldenfels (Hg.), Leibhaftige Vernunft. Spuren von Merleau-Pontys Denken, München 1986.

Emmanuel de Saint Aubert (Hg.), Maurice Merleau-Ponty. Avec un texte inédit de Maurice Merleau-Ponty ›La Nature ou le monde du silence‹, Paris 2008.

Ted Toadvine (Hg.), Merleau-Ponty. Critical Assessments of Leading Philosophers, 4 Bde., London 2006.

Alphonse de Waelhens, Une philosophie de l'ambiguïté. L'existentialisme de Maurice Merleau-Ponty (1951), 3. Aufl., Paris 1968.

Zeittafel

1908 Am 14. März wird Maurice Merleau-Ponty in Rochefort-sur-Mer geboren; seine Schulausbildung erhält er in Le Havre und Paris.

1924 Abschluß der Schullaufbahn mit dem »baccalauréat«; es folgt die Vorbereitung auf die École Normale Supérieure.

1926 Eintritt in die École Normale Supérieure; Beginn der Freundschaft mit Jean-Paul Sartre und Simone de Beauvoir.

1930 Abschluß des Studiums mit der »agrégation de philosophie«.

1931-35 Philosophielehrer in Beauvais und in Chartres.

1933 Merleau-Ponty beantragt die erste Unterstützung für seine Forschungsvorhaben bei der Caisse nationale des Sciences.

1934 Anmeldung der Doktoratsthesen: *La nature de la perception* und *Le problème de la perception dans la phénoménologie et dans la »Gestaltpsychologie«*; Verlängerungsantrag für seine Forschungen bei der Caisse nationale des Sciences.

1935-39 Merleau-Ponty unterrichtet als Repetitor an der École Normale Supérieure in Paris; er arbeitet an der *Struktur des Verhaltens*, die er 1938 abschließt.

1939 Besuch des Husserl-Archivs in Löwen; von 1939 bis 1940 nimmt Merleau-Ponty als Leutnant am Krieg teil.

1940-44 Philosophielehrer in Paris; mit Sartre Mitglied der nur kurz bestehenden Widerstandsgruppe Sozialismus und Freiheit.

1942 *Struktur des Verhaltens.*

1945 *Phänomenologie der Wahrnehmung*; Promotion; ab 1945 betreut Merleau-Ponty mit Sartre die Zeitschrift *Les Temps Modernes.*

1945-49 Zuerst Lehrbeauftragter, dann Professor an der Universität Lyon.

1947 *Humanismus und Terror.*

1948 *Sens et Non-Sens.*

1949-52	Merleau-Ponty unterrichtet als Professor für Kinderpsychologie und Pädagogik an der Sorbonne.
1952	Berufung an das Collège de France; er arbeitet bis ungefähr Mitte 1952 an dem Text *Prosa der Welt*, bricht die Arbeit daran jedoch ab.
1953	Am 15. Januar hält Merleau-Ponty am Collège de France seine Antrittsvorlesung *Lob der Philosophie*.
1955	*Die Abenteuer der Dialektik*; noch im selben Jahr kommt es zum Bruch mit den *Temps Modernes* und mit Sartre.
1959	Merleau-Ponty beginnt verstärkt an dem Fragment gebliebenen Nachlaßstück *Das Sichtbare und das Unsichtbare* zu arbeiten.
1960	*Signes*.
1961	Am 3. Mai stirbt Merleau-Ponty.

Christian Bermes, Professor für Philosophie an der Universität Koblenz-Landau, Sprecher des Graduiertenkollegs ›Herausforderung Leben‹, Herausgeber des ›Archivs für Begriffsgeschichte‹, Vizepräsident der Max-Scheler-Gesellschaft: Veröffentlichungen zur Erkenntnistheorie, Sprachphilosophie, Anthropologie und Ethik sowie zur Geschichte der Philosophie. Publikationen u.a.: Philosophie der Bedeutung. Bedeutung als Bestimmung und Bestimmbarkeit (1997), (Hg.) Denken des Ursprungs – Ursprung des Denkens (1998), Sprachphilosophie (1999), (Hg.) Person und Wert (2000), (Hg.) Vernunft und Gefühl (2003), (Hg.) Merleau-Ponty: Das Auge und der Geist (2003), ›Welt‹ als Thema der Philosophie. Vom metaphysischen zum natürlichen Weltbegriff (2004), (Hg.) Merleau-Ponty: Zeichen (2007), (Hg.) Schlüsselbegriffe der Philosophie des 20. Jahrhunderts (2008).